U0123387

LONGSTONE PUBLISHING

跳脫極限

征服內在的恐懼，
擺脫現狀，踏進人生新境界

The Big Leap

蓋伊・漢德瑞克（Gay Hendricks）◎著

林貞吟◎譯

久石文化事業有限公司　發行

國家圖書館出版品預行編目資料

跳脫極限：征服內在的恐懼，擺脫現狀，踏進人生新境界／
蓋伊‧漢德瑞克（Gay Hendricks）著；林貞吟 譯. -- 初版 --
臺北市：久石文化，2020.08〔民 109〕
面；公分 . --(Learning 049)
譯自：The Big Leap: Conquer Your Hidden Fear and Take Life to the Next Level (
平裝)
ISBN 978-986-97614-4-4
　1. 自我實現　　2. 成功法
　177.2　　　　　　　　　109007409

Learning　049

跳脫極限

作　者／蓋伊‧漢德瑞克（Gay Hendricks）

譯　者／林貞吟

發行人／陳文龍

編　輯／黃明偉

特約校對／王秀萍

出版者／久石文化事業有限公司

地　址／台北市南京東路一段二十五號十樓之四

電　話／(02)2537-2498　傳　真／(02)2537-4409

FB粉絲頁／http://www.facebook.com.tw/longstonetw/

E-mail／longstonetw@gmail.com

郵撥帳號／19916227　戶　名／久石文化事業有限公司

總經銷／紅螞蟻圖書有限公司

電　話／(02) 2795-3656　　傳　真／(02)2795-4100

出版日期／2020年08月　初版一刷

Complex Chinese © 2020 by Longstone Publishing Co., Ltd.

Original English Language Publication © 2010 by HarperOne

All rights reserved. Authorized translation from English language edition of "The Big Leap: Conquer Your Hidden Fear and Take Life to the Next Level" by Gay Hendricks Through Bardon-Chinese Media Agency

Printed in Taiwan

定價300元　　　　　　　　　　　　ISBN 978-986-97614-4-4

有著作權，侵害必究　　　本書如有缺頁、破損、裝訂錯誤，請寄回本公司更換

前　言

移開最後障礙，享受財富、事業與愛的極致成功！

什麼拖住你的問題

我稱之為「上限問題（Upper Limit Problem）」，至今我還沒遇過未曾深受其害的人。即使已極為成功，你自己的「上限問題」仍會絆住你，使你無法施展真正的潛力。越是成功，越要盡快找出自己的「上限問題」並加以克服。若無法清除自己的「上限問題」，終生都會被拖住。這些話聽來可能稍嫌刺耳，但若你我位置互換，我衷心希望你也能對我如此直言不諱。

我曾冒大不韙之風險，向那些早已獲致相當基業的成功人士大膽進言。這麼做並非為了顧問費，而是因為促其臻至成功乃是我畢生所求。戴爾電腦（Dell Computer）的創辦人邁克‧戴爾（Michael Dell），史上最年輕的幾位白手起家的億萬富翁之一，就是我所遇過最傑出的人士之一。我很榮

幸在九〇年代，戴爾電腦開始大幅成長之時，能輔導戴爾及其經營團隊執行經營管理重責。戴爾最令人激賞之處，即其開放學習之心。我所熟知的許多高階經理人都有著相當程度的防備之心，重重背負著自己絕對不能犯錯的包袱。戴爾則非如此，他從未拒絕任何展開在眼前的新知。戴爾不像多數CEO有抗拒改變和明知不應為而為的傾向。

戴爾抓緊每個成長的機會，而他最讓人稱頌的成就，亦即是證實了此觀點有多重大。這也就是我在本書中所要探討的開放學習。

戴爾並非天賦異稟，絕大多數人也都不是。要想敞開心胸做到開放學習，必須拚了命地練習，就像滑雪好手和首席大提琴演奏家那樣不斷地努力。若要像戴爾這樣有躍進式的成長，還得練習特殊技巧。換言之，無論「上限問題」何時何地出現，都要能夠加以辨識，進而加以超越。讀者可透過本書不斷地磨練此技巧。即如戴爾和如今多數人所知，此「上限問題」為唯一需要解決的問題。很顯然，他們也都耗盡心力解決此「上限問題」，並且創造了「大躍跳」。其結

果不言可喻。

沿著通往「天才地帶（the Zone of Genius）」的路徑，他們都得知了改變人生的祕密，而這也就是你在本書中即將探知的奧妙之處：亦即，他們頭上的玻璃天頂之所以穩穩地頂在那兒，是因某一問題——即其未曾察覺的障礙。一旦看出此一問題——及其解法——即可跳脫尋常的成就，而創造出人生中富含財富、愛與創造力的嶄新非凡新階段。

只要釐清此一問題及其解法，你就能做得更多，絕不僅只增加財務上的淨收益而已；另外在愛的感受和創造力的表現上，亦能展現出更大的能量。我之所以提出此觀點，是因為我深知在物質上獲得更高層次的成就時，若要保持生命中的心靈元素——例如愛和創造力——平衡發展極其重要。千萬不要為了創造財務績效上的「大躍跳」，而摧毀了婚姻關係、心靈感知，以及內在的創造力源泉。許多人會犯這樣的錯，但此結果無人樂見。當愛、財富和創造力都能和諧共生，生命才能盡其可能。

在本書中，我會直接與你對話，就好比你正坐在我的對

面。雖然我並不認識你，但基於多年的諮詢顧問經驗，我相信自己對你有相當程度的了解。我能想像你發現自己有許多未開發的潛力，確知自己能達到非凡的成就，但也擔心自己無法達成可見、可品及可聞的卓越成就。如你有此感受，那麼或許你已站在人生中最大機會前面，並且馬上就會知道該如何移開擋在極致成功前面的障礙。我能有如此把握，是因為我早在協助他人提升財富、愛和創造力以前，就已臻至如斯境地。從當初發現至今，我已使用本書中描述的方法，實現了所有的希望和夢想。

發現的時刻

我最早發現此事是在事業的初期，也就是我在史丹佛大學（Stanford University）擔任研究心理學者時。就在那個時刻，我首次感受到自己的人生會有多麼深刻的轉變。當時的情況如下：

我剛與朋友吃過午餐回到辦公室，午餐時兩人意氣相投

地討論了執行中的專案計畫。那時我的工作進展順利，婚姻關係也發展良好。我靠到椅背上，大大地伸展了四肢，吐了一口舒心的氣。我覺得實在太棒了。但不過幾秒鐘後，我開始擔心起女兒阿曼達（Amanda），當時她正離家參與熱愛的夏令營活動。我腦海中沒來由地閃過一幕又一幕阿曼達的痛苦影像：獨自坐在宿舍房間裡的阿曼達、覺得離家既孤單又悲慘的阿曼達、被其他小孩霸凌的阿曼達。當心裡不斷湧出這些影像時，我內在的狂喜馬上被抽離了。想到可能出了問題，我馬上抓起電話打去她的宿舍。舍監告訴我阿曼達很好，她看到窗外阿曼達正和其他女孩們踢著足球。舍監客氣地告訴我父母擔憂離家的小孩很正常。的確，我就是當天第三位因為類似的擔憂而打電話去關心的家長。「真的嗎？」我很驚訝：「為什麼你覺得這樣正常呢？」她笑著說：「你不了解你有多想念她，所以你猜想她恐怕受了什麼傷。再者，你可能曾經有過這種離家的孤單感，所以認為她肯定也會有同樣的感受。」

我謝了她，然後掛上電話。我覺得自己有點蠢，但也從

中得到了一個重要的訊息。我坐在那兒左思右想：「這一刻感覺還好得不得了，怎麼下一刻馬上生出一大堆痛苦的影像呢？」剎那間我想通了：我會生出這些痛苦畫面，是因為我感覺太好了！顯然某部分的我害怕享受太多的正能量。當我所能承載的好感受已經達到「上限（Upper Limit）」時，我就製造出一連串不愉快的想法來洩自己的氣。這些我所製造出來的想法，可以確保讓我回到自己比較熟悉的狀態：也就是感覺沒那麼好。擔心離家的孩子永遠都是使感覺變差的順手方法；況且若不利用那些特別令人擔憂的想法，也總會想出其他的事情來迫使自己垂頭喪氣。

再將這份領悟套用到生活中的不同面向，諸如婚姻關係和健康，我幾乎興奮地手舞足蹈起來。只要看出了樣態，它怎麼運作就變得顯而易見了：我會在享受了一陣子和諧的婚姻關係後，用批判和引戰來破壞原本美好的情感交流。這種「上限問題」也出現在我的飲食習慣上：我會連續幾天吃得很健康、做很多運動，感覺身心都很舒暢；然後週末一到就大吃大喝和熬夜，結果變得思覺遲鈍，胃腸飽脹。此種樣態

很簡單：也就是享受一陣子很好的感覺之後，再把它搞砸。

此種樣態甚至也緊抓著整個世界的脈動：好比人類常常在享

受短暫的和平之後投入戰爭，在創造一時的經濟擴張之後接

著倒退或蕭條，這類樣態隨處可見。終於，我不再讓想像力

任意馳騁，而把注意力放在每項研究的關鍵第一步：指出待

解決的難題以及待回答的疑問。

難題：

我無法讓美好的感受無限擴張。每當好感受達到「上

限」，我就會不由自主地生出讓自己感覺惡劣的想法。問題

在於這並不只是內在感受而已，我似乎很難忍受大致上生活

過得如意。只要抵達「上限」，我就會想辦法阻止自己繼續

往前走在正向軌道上。我會和前妻爭吵，發生金錢糾紛，或

做任何其他把自己拉回上限內的事。

和我自己的小問題相比，難題看來還大得多。經過幾千

年的掙扎，人類早已習於痛苦和災厄，深知如何感受苦難。

我們有幾百萬條的神經連接了痛苦的感受，身體中有浩大的區域掌管了恐懼的知覺。當然我們也有許多愉悅之處，但如何持續而自然地保有好感受呢？確實，要想維持長時間的好感受和順利發展，我們還是新手。

第一個我想要回答的疑問是：

如何延伸人生中的滿足時刻？

接著更好的疑問是：

如能消除那種抑制正能量溢流的行為，我能學會無時無刻都有好感受嗎？

我能容許人生總是事事發展順利嗎？在婚姻關係中，我能隨時都擁有和諧和親密嗎？

人類能夠延續和平和繁榮，不再在事情發展順利時把事情搞砸嗎？

　　有了這些疑問，我的生命精采萬分。在答題的過程中，我創造了本來僅存於夢想中的人生，並且幫助許多其他人實現了夢想。這個發現使我從卓越的人生跳進了從未想像過的非凡之境：擁有快樂的孩子，住在喜愛的房子裡，也很久都不必再做那些不想做的事，久到我甚至都不記得做那些事是什麼感覺了。以上對你來說如有任何好想法，那麼你很快也就能美夢成真了。

目　錄

1

準備大躍跳

問題所在及其解法

從何處開始

若想平順而快速地前往「天才地帶」，立即回答以下四個問題。首先是根本問題：

我想增加每天好感受的時間嗎？

我使用「好感受」一詞，指的是一種自然的內在感知良好，並不受外在因素控制，例如吃了什麼或可能要做什麼。重要的是內心想要從深處感覺美好。若犧牲了內在的感知良好來提升人生的其他部分，那麼付出這樣的代價毫無意義。我但願你能每天多花點時間來享受身心安好的一種深度感知。若你也能認同，此問題的答案即是肯定的。

只要每天都想增加好感受的時間，即可將此問題往下延伸到人生的其他面向。

我想增加全生命美好的時間嗎？

　　我使用「全生命」（whole life）一詞，指的是包括工作、婚姻關係、創造力，以及生活重心的任何面向。若你願意，那麼跟著我的腳步，你的人生就能過得更為積極而舒適，並且持久。

　　以上問題，若都得到肯定的答案，那麼就可再往前一步，而不只是延長時間而已。

我無時不刻都想有好感受和美好人生嗎？

　　第一眼看到這些問題，你可能會問，有誰會說不呢？呃，對很多人來說，要先有這種正面的情緒並不容易，我們很容易會假設負面的情緒應會隨之而來。所以我說，「何不就開心地試試，看看到底會怎麼樣呢？」人類對於「超越可能」有段漫長而奇妙的歷史。在早期蒸汽火車的年代，科學家強烈主張應限速三十哩，因為他們相信人體在超過該時速就會爆炸了。終於某些勇敢的人冒險跨越了那個局限，然後發現自己並沒有爆炸。我想，對於享受好感受和美好人生的

能力，我們大約也在相同的發展階段。我很早就發現，如我執著於事無可能的念頭，我便等於主張自己的局限了。再者若我主張自己的局限，那麼我也就自我設限了。終究我們應該自問，「強烈主張自己的局限到底有甚麼好處呢？」以蒸汽引擎為例，科學家為了保護人們免於損傷，雖然是錯誤的設想，但此局限的執念確是出於善意。從過去幾十年來我輔導過的很多人，包括我自己的經驗中得知，我們應該釋放自己的內心：想要自然地擁有好感受和美好人生，並無安全上的疑慮。

依我之見，給予以上問題肯定答案是人類最有勇氣的行動之一。許多證據顯示，面對生命受損及前方諸多困厄，若仍想要時時刻刻擁有好感受及美好人生，可說是真正的激進作為。飛向天空已不再是激進的概念，因為隨時上網就可買到機票；然而，若進入你的內心深處探查那些你深信不疑的難事，那麼我的書就可說是激進作為了。若堅信人萬萬不可能總有好感受和美好人生，那麼就更該找出到底有多少人做得到。

擁有好感受和美好人生都是奇異恩典，衷心希望你能迎接此二者的到來。不過，儘管如此，它們也僅是你到達極境的跳板而已！若想隨時都擁有好感受和美好人生，就該想想以下的終極步驟：

你想在愛、財富和創造力上「大躍跳」，達至極致的成功之境嗎？

梅納德的大躍跳

梅納德・韋伯（Maynard Webb）給了此問句肯定的答覆，他的例子至今仍激勵著我。我第一次見到梅納德時，他是eBay的營運長（COO），當時的執行長（CEO）是梅格・惠特曼（Meg Whitman）。幾乎無人不知eBay及其帶來的驚人衝擊，但鮮少有人知道梅納德是創造它迅猛成功的主要人物之一。我認識梅納德時，不僅eBay的員工和股東，甚至全世界的高科技決策者都對他崇敬有加。然依我之見，他僅是

在其「真才地帶（Zone of Excellence）」發揮所長，並不在其「天才地帶」揮灑自如。當時他已累積了大量的財富，足可戴著桂冠輕鬆地在eBay安享天年。但無論如何，如此絕非梅納德之所以為梅納德。

他選擇對抗「上限問題」，並且「大躍跳」入「天才地帶」。他深知處在eBay的世界裡就如同處在舒適圈（comfort zone）中。舒適圈絕非梅納德所適之所，我希望舒適圈也並非你的安在之處。你和梅納德真正的心之所在，是「天才地帶」。唯有在此處，我們才得以全然地讚美和展露自己的天才。

梅納德的「大躍跳」讓他離開了富裕的舒適窩，進入未知的新成公司Live Ops，使得顧客服務領域發生了革命性的變革。作為Live Ops的執行長，當梅納德每天打開辦公室大門時，就開啟了自己和這世界的新版圖。他竭盡所能發揮所長，用盡所學為這世界創造了更巨大的不同。

相較於梅納德的故事，理查·喬丹博士（Dr. Richard Jordan）則迎面撞上了自己的「上限」。他創建了成功的小

事業，吸引了一家較大公司併購的興趣。該公司提出三百萬美元外加兩年的聘雇契約，打算收購他的公司。經過幾個禮拜的談判周旋，雙方幾乎要簽約了。但某個清晨，喬丹博士醒來時想起最後幾個隱憂，其中主要問題是，新的聘雇合約中給他的年假比原來還短少兩週。他對於交易談判產生一種憤怒的抗拒，導致最後談判破局，該公司給他的信上寫著：「由於你強烈的意見，」他們無意再收購這家公司。

　　喬丹博士寫給我的信中說道：「在那通電話中，我向三百萬美元現金、年薪和獎金說了再見。」所幸，喬丹博士學得了寶貴的經驗。信上接著說：「接下來的幾年，我因胃痙攣而數次在夜中驚醒。然後我終於在荒蕪中挖到了無價之寶。經過許多努力和反省，我發現自己真正向該公司說的是：『等等，三百萬！那遠比我值得的還多。這怎麼行！』」他決定將此經驗化作他口中的「三百萬的禮物」。為了往後的人生，他造了兩個疑問句：

　　我想要多少的愛和財富？

我如何用自己的方式取得？

這些問題清除了他的「上限問題」。最後他把公司賣給了另一個買主。這個故事在金錢上有個快樂的結局，但更重要的是，喬丹博士告訴我們，只要了解此情況下作用的「上限問題」，就能夠把塵土變成鑽石。若換成另一個人，也許會繼續怪罪第二家公司或自己，然後繼續往下走上苦澀和絕望的道路。相反的，喬丹博士擁有洞察力和勇氣去提出大哉問，自然能夠嘗到隨之而來的大報酬。

專注在自己身上

現在，將注意力轉到自己身上。對於本章開頭我所提出的三個問題，你是否給了肯定的回答呢？如果是，那麼你已踏出此旅程中關鍵的第一步了。若你的答案是否定或不確定，那麼就讓我們繼續往下探討，何以你會抗拒此想法。

當你思考著人生中是否能夠總是持續地擁有好感受及美

好人生時，你可能會發現自己想著：「這怎麼可能！」我可以理解這樣的想法，因為我也曾處在相同的狀態。但不要浪費太多寶貴的時間來煩惱它是否可能。我已證明它確有可能，毋庸置疑。唯一有關的疑問是，你是否要讓它對你來說成為可能。若願意接受這種可能性，你便已開始體驗人生中真正的魔法了。

　　我曾問過幾千人，是否願意時時享有好感受及美好人生，我非常開心可以親眼看見他們的人生在他們說「是！」時產生何等的變化。我希望你也能享受同樣的成果，而這樣的魔法，在你對那三個問題誠心回答「是！」時就開始了。

　　若你仍然有點抗拒，想要深入探索這種感覺，那麼你現在就可以開始告訴自己，那樣的感覺很自然。畢竟，人類鮮少有經驗有意識地培養自己的能力，來感覺越來越多的正能量。不論小學或大學，都沒有一堂課叫作「如何承受長時間的成功和好感受」。尤其重要的是，從幼稚園到博士班或醫學博士班，從來沒有任何人提到這麼根本的事，這就是我們現在所處的世界。但我們就要改變這個世界了，也將要從改

變中收穫驚人的果實。

　而會抗拒超越「上限問題」，或許有個更大的理由。以個人來說，我發現自己最大的抗力是，因為害怕擁有全然的潛能。在挖掘這種恐懼時，我發現要下這麼大的決心，恐怕會有失去一切的風險。如此一來，若無法達成目標或完成計畫，我就沒有藉口了。過去，我總是可以說：「嗯，我搞砸了，但我並沒有拚盡全力；若真的盡力了，或許我就成功了。」或是「我失敗了，但若不是生病的話，我就成功了。」但現在，決心要往前走之後，任何偷偷溜進心裡的藉口聽來都很空洞，甚至荒謬至極，簡直就像哥倫布（Columbus）折返航行回歐洲說：「欸，我們沒找到新大陸，但若不是因為得了重感冒，我們應該就會找到了。」

　很多恐懼是因為「自我」的作用，而作用的核心是在得到認可，及保護自己免於受到人際互動的排斥和傷害。在「天才地帶」，你不需要自我，待在那兒就是獎賞了。在「天才地帶」，你不必在乎被認可或排斥。一旦你決心發展自己的完整潛力，你的自我就會立時消滅了。在你的全部人

生中，它一直在幫你找藉口。現在，若誠心決意要「大躍跳」，你就必須把自我掃地出門。不過，除非你很幸運，否則自我不會這麼輕易地默默離去，它背後有非常久遠的生命週期。

面臨滅失，自我會爆出恐懼的煙霧。為了阻止你「大躍跳」入「天才地帶」，它會想盡辦法描繪即將發生的各種恐怖故事。自我用這種恐懼打造的模糊螢幕，來形成你心中的小劇場（IMAX），投射出破產或其他可能降臨在與你身上的災難影像。這些都是可理解的狀況，因為恐懼總是與未知有關。這是未知的疆域，而自我從未處在這種困境中。所幸恐懼終會被消除，在你完全忙於「天才地帶」之後，恐懼就會煙消雲散了。雖然在你抵達「天才地帶」之前，你會不止一次感覺如墜五里霧中；幸運的是這塊疆域已被詳細標註出來了。以下方法或許不像過去你所用過的任何導航工具，但可幫你找到進入的通道。

通道

要穿越恐懼的煙霧只有一條路，就是將恐懼轉換為清晰的興奮愉悅。我所聽過最偉大的智慧語錄之一，出自醫學博士弗里茨‧皮爾斯（Fritz Perls），他是精神病學家和完形治療（Gestalt therapy）理論的創辦人。他說：「恐懼是沒有氣息的興奮。」這句弔詭的句子之意思是：製造出興奮的機制也製造出恐懼，而任何恐懼都可以透過完全的呼吸轉變為興奮；反之，若你暫停呼吸，興奮也會很快地轉變為恐懼。在害怕的時候，多數人都會想辦法排除這樣的感覺。我們以為透過否認或忽略即可排除這種感覺，而暫停呼吸即是身體否認的工具之一。

但此舉卻無效，因為恰如皮爾斯博士所指，恐懼得到越少氣息就越擴張。最好的方式是，在感到恐懼的同時反倒要大大的放鬆呼吸。要感覺恐懼的存在，而不是假裝它並不存在。用大大的呼吸來慶賀它的存在，就像慶祝生日時深吸一口氣然後吹熄蛋糕上的全部蠟燭那樣。如此，恐懼就會轉成

興奮。只要呼吸得夠多，興奮就會變成愉快。我發現如此即能強化主宰自己人生中的興奮愉悅感。我打賭你也會如此。

當你走向人生的盡頭，懷疑自己的人生是否值得，你會計算自己是否竭盡所能的善用了天賦禮物。在我的成長過程中，我的鄰居魯文先生與我分享了他強大的智慧。超過五十年了，我始終謹記在心。魯文先生說，大限之日到來的那天（Judgment Day），上帝不會問你：「為何你不是摩西（Moses）？」祂會問：「你怎麼不是山姆・魯文（Sam Lewin）？」人生的目標不是獲得某種想像的理想，而是找到並且徹底發揮自己的天賦。那段話的意思，即使對於十歲大的小孩（魯文先生當時已是七十歲的成功企業人士，卻仍願意在許多佛羅里達州的午後，和一個熱愛探究哲學思維的小男孩談天說地。我對他的衷心謝意，遲了好多年。）來說，也是十足清晰可辨。

跨越最難之處

若你願意採取「大躍跳」，那麼你已完成了最難的部分。你誠心決意要一路走入「天才地帶」，即開啟了本書中將要探尋的奇蹟花園入口大門。我的目的是精確地告訴你，如何讓自己不再受困於自我設限的牢籠，而能取得極致成功。若你已功成名就，但仍感覺在成功之中尚有一大步在等著你，便能用本書中的工具來達成你的這一大步。我絕無妄言。或許聽來口說無憑，但此法已讓數百位略有成績的成功人士，採取了「大躍跳」而達致非凡之境。在本書後面的章節，我們會陸續認識好幾位那些人。他們某些已經成名，某些則還在路途中，而他們都有個共同點：都學會了接下來我要告訴你的內容，也都超越了尋常的成就，臻至某種他們未曾想像過有可能抵達的境地。

上限問題如何作用

具體而言，「上限問題」如何絆住我們呢？

每個人都有個內在恆溫器，決定我們能夠承受多少愛、

成功和創造力。每當超過了內在設定的恆溫標準，我們就會想辦法搞破壞，使自己落回到那個老舊、熟悉的安全區域。不幸的是，我們的恆溫器通常是在早期亦即童年階段就設定好了，遠早於我們能為自己思考以前。而恆溫器一旦設定好了，它的「上限」就會使我們難以充分享受那些理所當然屬於我們的愛、財富和創造力。它把我們框限在「有才地帶（Zone of Competence）」，或最多是「真才地帶（Zone of Excellence）」，使我們遠離這段旅程的終點站——「天才地帶（Zone of Genius）」。在本章中我們會更仔細地探討這些地帶。現在你所需要知道的是：如果你在生命中的某個區域有了極大的躍跳，例如金錢，那麼你的「上限問題」會馬上讓你籠罩在罪惡感之中，使你無法隨心所欲地享受新富足。罪惡是心智抑制好感受的方式之一，就像用痛苦的鉗子扭緊我們身上的導流管，導致好感受無法流貫全身。

　　童年時期，我們的「上限問題」在被誤導的利他主義上作動 。具體來說，它是基於我們想要照顧其他人的感情所發展而成。孩童意外地擅長理解身體語言，或許你曾注意到

在自己的表現優於其他手足時，母親的笑容會從臉上消失，因此你很快就學會要稍微降低自己的亮度，來照顧母親的感情。成年以後，即使已沒有母親的角色在其中，你不再需要去保護她的感情，但你可能仍會找到這種相同的模式，不斷地在人生中發生作用。在下一章，我們會鉅細靡遺地探討「上限問題」的根本原理。

根本想法

仔細看看罪惡感和「上限問題」連結時如何產生作用。當你擁有好感受（或賺到額外的金錢或感覺到更深的愛戀關係）時，上限問題就會出現，於是你從前內心堅信的潛在障礙就會隨之騷動。例如「我絕不能有這麼美好的感受，因為像我這樣不完美的人，不配覺得這麼好。」這兩股強大的力量相互碰撞時撞擊出的火花，組成了令人惱火心癢，猶如雨點般緩緩降落的罪惡感。

這股舊執念和你正享受著的好感受相碰撞時，必有一方

獲得勝利。若舊執念獲勝了，那麼你會降低好感受的能量（或損失部分金錢，或和伴侶發生破壞親密關係的爭執）；若好感受獲勝了，那麼恭喜，你鍛鍊自己擴充正能量的能耐有回收了！每次你有意識地讓自己享受擁有的金錢、感受的愛，以及在這世界上發揮的創造力，你的能耐都能以小小的幅度得到擴充。當你擴充了享受的能耐，你的財富也就擴充了，而你感受到的愛和表現出的創造力也就都同步擴充了。

花個片刻品味如此根本的想法。多數人認為，當擁有更多的金錢、更好的情感關係、更充足的創造力以後，終能得到好感受。我了解此觀點，因為我在前半生也秉持著同樣的看法。雖然最後看出我們從頭到尾都想錯了，它仍是個有力的時刻啊！我們此刻就能夠尋找及滋養好感受，毋需空等某些期盼已久的事件發生。

若靜心體會，你總能在自己身上找到某處此時正有著好感受。你的任務是全心關注此蔓延中的好感受。如此，你就會發現這種好感受會隨著你的關注而擴張。儘可能地好好享受吧。

越能熟練這種想法，你就越能利用這種根本作為來好好品味諸如金錢和愛的其他區塊。不要等到有了足夠的金錢才覺得好，現在就馬上感覺它的好，並且感謝現有的金錢所得。這只需要幾秒鐘而已，毫不費力。在你身上找個對於這些金錢感覺很好的地方，全神貫注於該處。若在身上找不到任何滿足之處，就在心中創造一個關於金錢的好想法，例如「我很高興能擁有這些錢」或「我總是有許多錢可以做我想做的事」。

接著試試愛。不要執著於一段關係中的寂寞或停滯，在你身上找個對於人生中擁有愛而有好感受之處，全神貫注在那個充滿喜悅和滿足的地方。找到它，感覺它的擴張。若能越來越熟練這樣的想法，你就會發現所有好感受，包括財富、愛和創造力，都在開始擴張。然後，你生命中的外部面向會開始轉變，迎合你體內正在擴張的這些好感受。

鮮少有人了解「上限問題」如何產生作用。很多人相信自己有缺點，命中無完美，或單單就是不夠好到足以匹配欲求之夢想；還有些人錯失功成良機，卻歸咎於運氣或時機。

有幾百萬人在達陣的邊緣徘徊，似乎無法翻越城池，而在玻璃天頂下掙扎，沒想到這片玻璃天頂其實完全掌控在自己手中，只待移除而已。但好消息來了：你並非不完美或不幸或任何這類的狀況，你只是遇到了「上限問題」，而它只消眨個眼就可以被超脫了——只要你有心，用了正確的工具即可。

再來仔細看看「上限問題」如何困住我們：當你用賺更多錢、經歷更多愛，或更正面地看待自己來推進「上限」恆溫器，往往便會讓你的「上限」開關跳掉。在你內心深處有個聲音說：「你不可能會覺得這麼好（或「賺這麼多錢」或「愛得這麼快樂」）。」然後不自覺地，你就會做些什麼來把自己拉回熟悉的恆溫設定。即使你確實臻至閃亮的新高點，它往往也僅是曇花一現。

若你想親眼看見真實世界的「上限問題」如何運作，就看看樂透得主的研究吧。有個研究發現，超過百分之六十的樂透得主在兩年內就把獎金花光了，然後又回到贏得大獎之前的財產淨值。有些得主的財務狀況甚至比贏得樂透大獎之

前還糟。除了財務的慘狀以外，樂透得主體驗更多的是離婚、家庭爭吵和朋友衝突。以下有個「上限問題」發生作用的經典範例。傑克‧惠特克爾（Jack Whitaker）曾贏得美國威力球樂透彩超過三億美元的獎金，由於贏得大獎後降臨在他身上的災難不斷，使他受到廣泛的研究。以下即是部分（但絕不是全部）他贏得大獎後的不幸事件：太太離開他；醉倒在脫衣舞夜總會時，被搶走了身上五十四萬五千美元的現金；孫女在他家中服用毒品過量身亡；因酒駕及毆打酒保而遭逮捕；還有超過四百件被朋友、家人和他人提告的官司。諷刺的是，在贏得三億樂透彩時，他已是億萬富翁了，但顯然這筆巨額財富的注入超過了恆溫器「上限」的設定。

　　我們的「上限」開關都常會不由自主地跳掉，而解鈴還需繫鈴人。我們值得享有一波波更美好的愛、創造力和財富，毋需強迫自己破壞這種感覺。我希望此為你所擁有，亦為你所欲求。若想消滅自己的「上限問題」——發自內心決意將它剷除——那麼你就成功一半了。

知名傑出成功人士的上限恆溫器

前美國總統比爾・柯林頓（Bill Clinton）年輕時曾參加白宮參訪團，他隨興地告訴旁人，「將來我會以總統身分住在這兒。」然後他達到了目標。但緊接著他的「上限問題」也出現了，因性醜聞導致被彈劾和貶黜，他親手摧毀了自己的成功。由於未能了解自己的「上限問題」，導致柯林頓無法盡情享受他在美國歷史上的地位。

此外再舉幾個「上限問題」發作時的顯著案例。美國喜劇演員和音樂人約翰・貝魯奇（John Belushi）在極短的時間內崛起，在巔峰時期他擁有排行榜冠軍專輯、票房冠軍電影，以及熱門電視節目。然後，「上限問題」抓住他，他的自我毀滅就像當初崛起時那般迅雷不及掩耳。還有德國金童鮑里斯・貝克（Boris Becker），他在十七歲就贏得了溫布敦網球錦標賽男單冠軍。但幾乎就在手上的獎盃還熱騰騰之際，「上限問題」就攫住他了。他決定開除教練——也就是帶領他贏得網球錦標的人。隔年，在被世界排名七十一的選

手擊敗以前，貝克就已幾乎被溫布敦拒於門外了。此外，演出蝙蝠俠電影《黑暗騎士》（The Dark Knight）的演員克里斯汀‧貝爾（Christian Bale），曾擁有電影史上最有利可圖的開場，但當電影在倫敦首映時，他卻在旅館房間與人（至少與母親和妹妹）發生嚴重爭執，最後被控以攻擊罪落幕。

　　人常經歷重大突破……，然後就想辦法避免自己因為成就而欣喜。例如，才剛領到工作獎金，當天稍晚就與配偶扯破喉嚨大吵；或是得到了夢想中的職務，接著就生病了；再者像是贏了樂透，然後就出了意外。新得到的成功會使「上限」開關跳掉，使人像沉重的秤錘般直直墜回自己早已習慣的熟悉設定。

　　歌手邦妮‧瑞特（Bonnie Raitt）是我和太太凱瑟琳（Kathlyn）將近二十年的好朋友了，一直以來我們都相當激賞她在歌手路上的表現。她就是個活生生的例子，可以告訴你如何利用「大躍跳」找到自己的極致成功。雖然她現在安全地待在「天才地帶」，但她可是經歷了漫長而艱辛的路程才到達那兒的。在事業初期，邦妮以藍調歌手獲得響亮的名

聲。雖然她的藍調專輯很少成為銷售冠軍，但它們至少總是能夠逗樂她的忠實樂迷們，也使得俱樂部總是充滿了她的粉絲。但就像很多她在藍調族系中的偶像般，她也花了不少年與酒癮及毒癮拉鋸和糾纏。而和心中的惡魔搏鬥花了她極大的力氣，幸好等她神智清醒以後，她就「大躍跳」了。她兩個最好的朋友，史蒂維・雷・沃恩（Stevie Ray Vaughan）和約翰・海特（John Hiatt）在「十二步驟戒癮計畫（Twelve-Step programs）」中戒癮成功的案例，深深激勵了她。此後她決心不再碰毒品，讓自己保持清醒，此時真正的魔法就發生了。

有了清醒的神智所帶來的新能量和清晰思考，邦妮檢視了她的事業，然後作出了重大決定，她要從「頂尖藍調音樂家」（Excellent Blues Musician）的繭中重生。她作了理智的選擇，從此踏入更廣大的主流搖滾音樂界中。她聽著內心深處油然而生的歌，而這些歌卻無法融入藍調的傳統主題、韻律和曲調。因此，她向親愛的藍調世界深情地揮手告別，「大躍跳」入未知世界。她錄製了新音樂專輯，接著與新

樂團踏上了新旅途。在她冥想時，她看見自己站在葛萊美獎（Grammy Awards）的頒獎舞臺上，獲頒新音樂的各項大獎。她甚至還看到領獎時自己身上穿著的禮服。之後過了不久，她真的站上了舞臺領取了葛萊美獎年度專輯（Nick of Time）大獎，隨後那張專輯馬上大賣了幾百萬張。現在，九座葛萊美獎、秒殺的演唱會，以及其後銷售幾百萬張的專輯，她親眼見證了「天才地帶」的力量。

從小型俱樂部到大型演唱會的「大躍跳」，她承擔了風險也收穫了驚人的報償。在所有葛萊美獎和其他物質利益之外，這份成就是純粹送給靈魂的禮物：亦即活在「天才地帶」的深度滿足感。這就是我希望你能體驗到的東西。在內心深處，你深知若無法定錨在「天才地帶」，你永遠也無法完全滿足。做得少些就等於停滯不前，而在很久以前你早已向天地許諾，你不會停滯在原地。儘管如此，成功的誘人安逸仍會哄騙我們接受現狀。而在甜如蜜的安逸狀態下，很容易就會使人忘記自己曾下定決心要竭盡全力發展所能。

解決此一問題，釋放自己

本質上，無法以平常心來解決「上限問題」。若可就此解決，那麼早在很久以前就解決了。要解決「上限問題」，唯有跳躍性的思考。只要學會此解法，那麼無論何時何地你都有工具在手，足可讓成功加乘。

具體而言，解決「上限問題」無法用一般解法：亦即蒐集資訊，或置換資訊。「上限問題」必須被瓦解（dis-solved），而不是被解決。要瓦解「上限問題」，須深度解析其基礎架構——亦即其固著的錯誤基礎。當你清晰地解析其基礎，「上限問題」就消失了。然後，你就能夠在毫無限制的極致成功之境自在遨翔、探險和隨興休憩了。

我們在這世界上的活動主要發生在以下四個主要地帶：

不才地帶

「不才地帶」（The Zone of Incompetence）涵蓋了所有

我們不擅長的活動。在此地帶內，其他人做得都好得多。令人驚訝的是，很多成功人士都偏執於浪費時間和精力做那些並無天分的事。當你用本書中的工具來專注解析自己，或許會很驚訝地發現自己在此地帶花了多少時間。當你把自己從此地帶釋放出來，就會重新感受到新的活力和滋味。

處理「不才地帶」眾多事務的最好方法，即是避免把所有事都攬在身上，而把它們分配給其他人；或者，找到其他更有創意的方式來避免做這些事。禮拜天晚上，我接到朋友湯瑪士（Thomas）的電話，他本身是個企業顧問，我偶爾會和他打打高爾夫球。他告訴我他花了一整個週末，沮喪地在家裡安裝一臺一千美元的新印表機。最令他沮喪的是，他花了四個小時和惠普（Hewlett-Packard）的技術支援人員講電話。他恰巧和我一樣，對於機械完全不在行。我知道他收的顧問費是一天一萬美元，而電話顧問費則是一小時一百美元。

我問他花在與新印表機折騰的時間總共有多長。「十三個小時，」他有點難為情地說。「嗯，」我說：「你花了十

三個小時來安裝一臺一千美元的印表機。可以印了嗎？」

「不行，」他說：「最後我去找了鄰居念大學的小夥子來幫我，他進來一個小時就擺平了。」「你付給他多少錢？」我問。湯瑪士說：「一開始他說不要，但我還是給了他一百美元。」

不僅如此，那個沮喪的週末傍晚，他最後又與老婆吵了一架。你或許可以猜到他們吵什麼：也就是他把時間花在安裝那臺印表機，卻沒有花在她和家人身上。加上一萬三千美元的成本，還有一百美元的「服務」費，這趟到「不才地帶」的短程旅行可真昂貴。

從人生的觀察中我學到一件事：聰明並不會使你不做蠢事。我的外祖父就曾說過精采語錄：「執著於愚鈍。」意思是你不斷地做著同樣的蠢事，卻未能從中學到教訓。我覺得這有點像我初次了解到自己花了多少時間和精力來做不擅長之事時的感覺。若做一件不擅長的事是因為覺得有趣或想要學好，那麼就很值得。滑雪對我來說就像這樣。我在佛羅里達州長大，直到二十三歲才親眼看過雪花。我第一次滑雪

時,表面看起來可能很好笑,但內心卻痛苦異常,令我終生難忘。很多次我都覺得當晚回到家,簡直就像被公車撞了很多次。但儘管如此還是值得,因為我希望終有一天可以盡情自在地滑雪。

至於我的朋友湯瑪士,花了一整個週末苦惱於一臺印表機,並不是希望將來某天要精通於安裝印表機。依他的話來說,只不過是「想要省下幾百元。」

普才地帶

在「普才地帶」(The Zone of Competence)你能游刃有餘,但其他人也能做好。成功人士常常發現他們花了太多時間和精力在「普才地帶」。不久前我曾輔導過一位四十多歲的女性,她的例子即是個經典的「普才陷阱(Competence Trap)」。喬安(Joan)是某家小公司的業務,她的醫師把她轉介給我,她覺得喬安的部分健康問題是我有時所說的「無成就感病」。當人們尚未發揮完全的潛力,常會染上的

一種癥狀模糊而難斷之疾病,例如慢性疲乏併發症和纖維肌痛症(俗稱公主病)。只要人們開始突破他們的「次天才地帶(sub-Genius zones)」,並且開始發揮出真正的潛力,這兩種疾病都會消失不見。在幾次會談之後,喬安開始從慢性疲乏併發症講到她的工作疲乏已經反覆循環好幾年了。由於她對於組織規劃很在行,因此在本職之外越來越常被交辦去處裡各項類似的任務,包括從公司野餐到其他業務的出差行程都有。「任一個業務助理都能做這些事,」她告訴我:「但我沒交給業務助理,因為分派給他們之後還要追蹤,反而我自己做快多了。」我問她:「若不再做那類工作,多出來的時間你會做什麼?」她提到一些活動,但沒半個在她臉上出現活躍或興奮的表情。我再深入些問她:「若金錢或工作職務並非問題,那麼你在公司內真正喜歡做的事是什麼?」這次中獎了。「我不會在公司內做任何事,」她說:「我會去做我很著迷的環境保護計畫。我認為它可能可以變成很大的事業,但想歸想,要靠它吃飯還是有很大的鴻溝。」現在解藥現出端倪了。我們做了個計畫,首先是請她

排除那些把她綁在「普才地帶」的額外組織性任務。她花了幾個禮拜擺脫了這些任務，並把它們交辦給其他人，光這個步驟就清除了大部分她的病癥。接著第二步再意外地轉進新的方向，她的感覺就更好了。她決定少花一半的時間在公司，而把她新發現的精力灌注在環境保護計畫上。時間會證明她是否能夠在「天才地帶」刻畫出生命的意義，但至少她不再背負著無成就感的重擔，以及隨之而來的病癥。

真才地帶

「真才地帶」（The Zone of Excellence）是指你能做得非常好的那些活動。在「真才地帶」，你能過很好的生活。對成功人士來說，此地帶是誘人甚至危險的陷阱。待在此地帶中就等於把雙腳綁住，讓你無法跳進「天才地帶」。但此地帶誘惑太強了，強到讓你願意待在「真才地帶」中，因為你對舒適已成癮而想要待下。那裡也是家人、朋友和組織想要你留下的地方。你在該處深受信賴，而你也穩定地提供給家

人、朋友和組織賴以蓬勃發展的所有東西。問題在於，若你始終待在「真才地帶」，你身上那個深刻的、神聖的部分將會萎縮、死亡。只有在某處你終會成長茁壯並且感到心滿意足，而那是……

天才地帶

解放及發揮天才是你走向成功和人生滿足的終極道路。所謂「天才地帶」（The Zone of Genius），是指特別適合你做的事，其動用了你的特殊天賦和力量。「天才地帶」會在你走過人生旅程時越來越強烈地召喚你（天才召喚是我給這些內在刺激取的名字）。四十歲以前，很多人都關掉了天才的召喚，而召喚的警鈴則藏在沮喪、疾病、傷痛和關係緊張的形式中，越來越大聲地不斷叫喚我們。這些警鈴提醒我們要花更多時間餵飽我們的天賦，使其發揮它在這世界上的魔力。在本書中我會告訴你如何留心這種召喚，然後溫文儒雅地移步進入「天才地帶」。

　　我用「溫文儒雅」一詞有個特殊理由，因為若不留心此召喚並且溫文儒雅地移動到「天才地帶」，我們常會受到痛苦的生命重擊，清晰猛烈地質問我們為何未注意該召喚。

　　我回想起和比爾（Bill）的會談。四十三歲的比爾是個優秀的創業者，已有很長的時間對天才召喚充耳不聞了。他來與我會談，在談話中告訴我他的困境。比爾熱切地想要追求某個新專案，但卻迫於公司、太太和其他人的壓力而無法執行。他們承擔不起讓他花幾個月來發展新想法的代價。當他描述此新專案時，我可以清楚地看出這就是他的「天才地帶」。我奉勸比爾無論如何都要做，即使一天只花一個小時安排基礎工作也要做。在此會談結束時，他保證會「試著」找到一天中的那一個小時，但我能從他臉上的表情看出這不大可能發生。他告訴我一個月後「當事情變慢一些時，」會打電話來約第二次會談。這是我們最後一次談話，因為比爾在幾週後死於嚴重的心臟病。

　　我在心中重播了無數次和他談話的那個小時。比爾似乎健康狀況良好，而他太太是個瑜珈老師，兩人都很注重健康

的生活形態。我總是不解，不知是否有個方法，讓我可以更有力地說服他決心走入「天才地帶」，進而改變他的人生，甚至可能挽救他的生命。我永遠也不得而知了，但從此經驗中我決心要盡可能地花更多時間在「天才地帶」，並且熱切地說服我關心的人。

　　只要有正確的工具和些許的智慧，就能學會留心天才召喚，不致蒙蔽了雙耳。本書會告訴你如何在「天才地帶」立足，就從一天投資少少的十分鐘開始，直到花百分之七十以上的時間，來表現你在這世界上的真正天才。我在九〇年代中期做到了百分之七十，然後以中年之姿重生，進入一個以前想像不到的愛、財富和創造力的成功境地。這就是我希望帶給你的成果。若這也是你想要帶給自己的，你就會在本書中發現珍貴的工具，找出自己的天賦異稟，並且好好地向這世界展現出自己的天才。

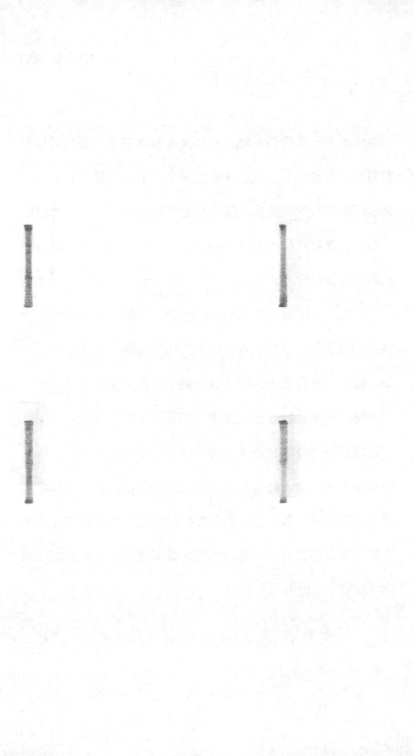

2

開始大躍跳

去除問題根源

關於「上限問題」，你應該知道的是：當你獲得更高層次的成功時，你常會在自己的生活中創造個人小劇場，用不快樂罩住自己的世界，使自己無法享受更深層的快樂。這是「上限問題」發作的關係，也就是說，「上限問題」跨過了金錢、愛和創造力的界限。若賺了更多錢，你的「上限問題」會開始發作，創造出某種狀況，產生不快樂、不健康或其他問題來妨礙你享受多賺的錢。若遇見夢想中的對象且結了婚，你的「上限問題」也可能會開始發作，使你的財務出現狀況。簡而言之，在你成功的大躍跳時往往緊跟著大挫敗。這些挫敗使你彈回本來的位置，有時候甚至彈回更糟的境地。但幸運的是，若能及時看見你在做什麼，你就可以避開這些擾亂而往目標前進。

看看以下這些情境是否有些聽起來很熟悉：

你獲得重大的財務進展，例如股市大賺或其他投資獲利不少，形成明顯的財務變化。但幾乎在你有機會慶祝之前，爭吵、疾病或其他負面狀況就掩蓋了這些好感受了。

你感覺和伴侶很親近。或許你們正靜靜地坐在一起，啜飲著你最喜歡的紅酒。但似乎沒來由的你們就突然爭吵起來。親密的關係毀了，你捲入了長達幾小時甚至幾天的衝突之中。

你單獨在辦公室或客廳坐著，覺得開心而輕鬆。但突然你的心偏離了方向，衝進一股負面的思緒之中。幾秒鐘後你就會感覺這世界糟糕無比，或發現地毯顏色可怕極了。

再舉幾個具體的例子。我曾輔導一位有錢有地位的企業女性路薏絲（Lois），希望能讓她的愛情關係有所突破。當時她已五十多歲，在我們的第一次會談時她告訴我，她「除了婚姻以外什麼都可以做好。」兩次離婚，單身五年了，她已經不再幻想能夠找到並且維持一段美好關係。她甚至引用數據：在她的年紀，被恐怖分子抓住的機會都比找到愛情來得高。路薏絲很頑固地執著於她的想法，所以我花了好幾次會談的時間才解除了這些有關男性的偏執想法。最後她終於了解，不管男性是不是太少都沒關係，反正她所需要的只有

一個。在關鍵的一次會談中，她堅定而真誠地下定決心，要尋求會使男性對她鍾情並且與之維持健康而深情的關係。

隔週一開始，她打電話來取消了下一次會談。她說在上次會談之後兩天即已遇到了一位極好男性，並且與他共度了她生命中最浪漫的一個週末。她謝謝我幫助她做了這樣的轉變，然後說她不再需要任何協助了。我溫和地建議她，此刻正是她該繼續來參與會談的時刻。我解釋，當人生中發生了重大而驚人的突破時，接下來必須在日常生活中維持其穩定度和整合性，才能讓這種轉變真正成為永久。她禮貌地聽著，說：「謝謝你。」然後掛掉了電話，沒再預約下一次的會面。

大約六個月後我接到她緊急要我回電的訊息。當我打電話給她時，幾乎不認識她了，因為她講話非常快。我請她減慢速度，這讓她的焦慮大幅降低到可以把話講清楚的程度。她告訴我她的新丈夫，也就是最後她在電話中告訴我的那位與她度過閃耀週末的男性，建議她進行一項投資，結果該投資使她一夜就慘賠不只二十萬美元。他的股市「內線消息

（inside information）」說該標的會往上攀升，結果它卻往下探底。那件會讓她一夜資產翻倍的「確定的事」，完全消失殆盡。

「我該怎麼做？」她問：「我該把他踢出去或離開或……」

「等等，」我說：「他以前做過類似的事嗎？」

「沒有。」她說。

「過去幾個月來他的行為如何？」

「棒極了，」她說：「在這之前我的人生從來沒有這麼快樂過。」

「他做什麼工作？」

「他是軟體工程師。他幫幾家高科技公司做諮詢顧問。」

「所以，他這樣賺很多錢嗎？」

「還可以，」她說：「但他頗節儉，所以不需要很多收入。」

「那麼讓我問你個問題，」我說：「是誰給你這個主

意，說你應該聽他的建議來進行投資？」有很長一段沉默。最後她說：「喔，我的天啊！」

「怎麼了？」我問。

「我剛了解到我愛他有多深，我從沒想過他會有缺點。」

我請她重新考慮他「有缺點」這個評價。我告訴她：「他不必然有缺點。你才是深諳個中道理的企業人士，但卻選擇接受軟體工程師的投資建議。」

緊接而來的沉默中，我幾乎只聽到路薏絲牙齒打顫的聲音。最後她說，「該死，你說得對。你知道在我的人生中我說過幾次這樣的話嗎？」

我冒險猜測：「從來沒有？」她再次說出了那神奇的幾個字：「你說得對。沒有。我不記得我曾承認過誰說得對。」

我建議她，如果想要有個幸福的婚姻，也許她可以多學習這個有用的技巧。我告訴她，這是我自己的溝通技巧之外的極佳技巧之一。當我在自己的婚姻中說：「你說得對。」

我發現凱瑟琳的反應就像聽到了莫札特協奏曲的甜美樂音般那麼開心。

路薏絲和她的丈夫有次一起來參加會談。看起來他不僅非常愛她也非常怕她。為了彌補他被察覺的不足之處，他想在她的專長領域中好好露一手。這個糊塗的念頭使他洩露了聽來的股市內線消息，就像那是千真萬確的事一樣。而也就像很多糊塗念頭般，這個念頭也帶來了反效果。

在這次會談的最後，我問了一個問題，點亮了「上限問題」：「路薏絲，你覺得為什麼這個金錢事件會在你人生中的這個特定時刻發生呢？」

長長的沉默。最後她說：「我想我比以前曾想像過得都要快樂。然後某部分的我就出現了──某部分的我認為我不配擁有這種幸福。我創造了這個賴瑞（Larry）主演的劇情，找出他不對的地方，給我藉口來結束這段關係。這全都是因為我認為我不配如此快活。」

「所以，」我說：「現在就和天地之間達成新的交易吧。你是否願意在金錢和愛中都得到富足？」她深呼吸了一

口氣,然後說:「願意!」

我讚賞她能夠洞察自己的內心,也願意下定決心在財務和愛的條件上都感到心滿意足。

路薏絲的極佳案例告訴我們如何處理「上限問題」。她已站在破壞一段美好關係的懸崖邊上了,還好及時懸崖勒馬。她甚至能夠利用這個事件來加深她和丈夫之間的關係。親密關係進入六個月時,就是大問題差不多要浮出表面的時候。但關於這點,多數人並不會說:「喔,我進入這個美妙的關係大約六個月了。差不多是我的大問題要出現,害我破壞關係的時候了。」相反的,多數人會走到完全相反的極端:亦即看見了對方的缺點或瑕疵,然後像用顯微鏡那樣精微地研究那些缺點或瑕疵,而使其無限擴大,進而加深了那些缺點或瑕疵的存在。

此處有個新方法:當大事降臨時,問問你的伴侶,她或他是否願意和你攜手平等地踏上一段學習的旅程。如答案是肯定的,你們即可開展真正具有未來的關係。若她或他執著於對錯而不在乎真正、實際的親密關係,答案就可能不是肯

定的。那麼你就必須往前走，並且要迅速地往前走。

現在回到核心議題：「上限問題」如何作用，以及如何消除它作用在我們身上的負面影響。

觸發「上限問題」

「上限問題」底下的不實基礎，是建立在因恐懼和錯誤執念而產生的四大隱藏障礙之上。雖然我並未遇過任何具有全部四大障礙的人，但我輔導過的每個案例都至少找出了其中之一，有時甚至還找出了二或三個障礙。這「四大隱藏障礙」有個相同之處：即是似是而非，表面上看起來似是似真，但它們卻是基於既非是也非真的執念。我們常下意識地視其為是為真，而事實上它們卻是扯我們後腿的障礙。我們總以為它們既是且真，直到真真切切地看清它們的真面目之後，這些障礙就瓦解了，而我們也就解脫了。那是個深奧的時刻，感覺極其美妙，令人終生難忘。此即我們得到終極自由之時。雖然我自己曾經歷過那個愉悅的時刻，也目睹幾百

次了，但每次它發生時還是令我感動萬分。

　　想想，可能至少有一個隱藏的障礙使你無法完全成功。切記，你絕不孤單。我就有不止一個障礙。即使你已相當成功了，都還至少有一個障礙在扯你的後腿。當你正面迎擊此障礙時，「上限問題」就被觸發了。它會以什麼形式來表現，就看你早年如何形成了那些恐懼和錯誤執念。在往下探索那些恐懼和錯誤執念時，仔細找找哪些和你的經驗起了共鳴。

　　「上限問題」之所以穩如泰山，乃是由於以下四種恐懼和四種因之而來的錯誤執念。恐懼是來自於某些過去的情境，若能列舉出來即可得以辨識。而從那些恐懼所產生的錯誤執念，使你誤解真正的自己。這些恐懼和錯誤執念導致我們活在「有限成功咒」之中：

　　我無法盡己所能拓展潛力，因為＿＿＿＿＿＿＿＿＿＿＿＿＿

＿＿＿＿＿＿＿＿＿＿＿＿。

在婚姻關係上，「上限」咒如下：

我無法享有富足的愛和和諧的關係，因為＿＿＿＿＿＿＿

＿＿＿＿＿＿＿＿＿＿＿＿＿＿＿＿。

在財富上，「上限」咒如下：

我無法盡己所能擴充財富，因為＿＿＿＿＿＿＿＿＿＿

＿＿＿＿＿＿＿＿＿＿＿＿。

移除這些錯誤的執念之後，你就能重新自由地根據自己的天賦而開發嶄新的人生。為了幫助你瓦解及解除這些恐懼和錯誤執念，在此描述如下：

隱藏障礙一：感覺根本不完美

意指某種程度上我根本不完美的感覺。這就是卡爾

（Carl）描述的障礙，感覺自己根本不完美。在此就套用他
的句子來描述最普遍的隱藏障礙。我們把它拆解開來，這樣
你就能看清楚它是如何牢牢地綁住卡爾。看看他的故事和你
的故事是否有異曲同工之處。他的「上限」咒如下：

我無法竭盡全力擴展我天生的創造力，因為我根本就不
對勁。

若深感自己不對、不好或不完美，那麼你就會發現每當
要得到更大的愛和財富時，你就會緊緊抓住這些問題不放。
當你越過自己的「上限」恆溫器設定，就會有個小小的聲音
從內心深處發出警告：你不應該如此快樂（或富有或有創
意），因為你根本就不完美。這種想法產生認知的不協調，
在你想辦法同時持有兩種相反想法時，內心就會產生衝突：
若我根本就不完美（或不對或不好），我怎麼能夠這麼快
樂、富足和有創造力？這種認知不協調必須以下面兩種方式
之一來解決：要不是回到之前設定的恆溫器，就是放棄受限

的舊執念，而穩定地站在更高的新層次。

最好的方法是，清楚點出你根本不完美的這種想法，然後在上面貼上標籤，註明這是「上限」的漏洞（bug）。此處使用漏洞一詞有雙重意涵：一則它就像電腦程式漏洞，是程式碼中的錯誤序列，會導致作業效率的故障或當機；二則它也像蚊子那種小蟲子，在你追求更高層次的愛、財富和創造力時，牠就會叮咬你。你啪啪打死牠，然後安心回到你已到達的那個層次。

另一種停止這種認知不協調的方法是，把自己從成功中拉回來，不去挑戰這種錯誤執念。這個動作使你回到熟悉的地帶。小蟲子贏了，你輸了。

在卡爾的案例中，很容易即可看出他在何處發現漏洞，亦即認為自己根本不完美的感覺。他是某位重量級企業總裁的長子，而這位企業總裁當時正經營兩家《財星》全球前五百大企業（Fortune 500）。當卡爾牙牙學語時，父母離異了，此後多年還為了錢而爭戰不休。之後他的父親再婚開始了新家庭，因此幼年的卡爾就在兩個敵對的陣營間不斷地來

回往返。接著，在酒精的激發下，父親向卡爾坦白，他沒辦法在看著他的同時不想著對他母親的恨意。父親判了卡爾他不了解或不知名的罪。他只知道父親看著自己的眼神和看著同父異母弟弟的眼神截然不同。卡爾也下意識地判了自己的罪。幾年後他告訴我：「我知道他如那樣看著我，那麼我必定是犯了什麼錯，但從來沒有任何人告訴我我到底做錯什麼。」

接下來的重點至關重大：卡爾承受了極長刑期的隱形重罪，當然根本就與卡爾無關。父親對於任何處在那種角色的小孩恐怕都會有同樣的感覺。但你可以看見，卡爾（以及我們之中任何有相似處境的人）卻把它看作是針對他個人。畢竟，他是那個從父親那裡接收錯位恨意的人。兩歲（或五歲或十五歲）時，卡爾不可能知道那樣的表情針對的是他的母親；他不可能知道在他被判處的這項罪刑上，根本完全無辜。

認為自己根本不完美的恐懼會衍生出其他相關聯的恐懼。你害怕即使願意死心塌地的待在「天才地帶」，仍然可

能做不到。你的執念是，即使擁有天賦異稟，仍然還是不完美；即使極力彰顯自己的天分，仍然不夠好。此執念叫你要保守，要保持微小。如此，就算失敗了，至少失敗也很微小。

隱藏障礙二：背叛和遺棄

當我們困在背叛和遺棄的障礙後面時，「無意識咒」就會出現：

我無法極力擴展成功，因為如此我會背叛我的根，丟棄我過去的朋友，因而變得孤單。

若無法想像什麼樣的人會有這樣的障礙，我可告訴你：像我這樣的人就是。此障礙在我早年帶來諸多恐慌，即使現在它仍然時不時地閃過我的心。我會找個適當的時機多告訴你些我的故事，但現在，應把焦點放在此障礙是否還出現在

你的人生中。以下兩個問題能幫助你發現自己是否也有此障礙：

> 我打破了家中成文或不成文規定來成就今天的我？
>
> 即使我現已成功，但並未符合父母對我的期待？

若以上這些問題中你有任一肯定的回答，那麼將來在你越來越成功時，就越有可能會有罪惡感。在你依自己的條件追求人生和成就時，可能會下意識地深感背棄了你的根和那些愛你的人。你感受到的罪惡感會讓你踩煞車，把你從極致成功之境拉回來，使你無法盡情享受自己已擁有的成功。在你成功突破時，伴隨而來的是自我懲罰。

以下有個隱藏障礙二的生動案例：

羅伯特（Robert）和蒂（Dee）新婚不久即首次遭遇此障礙，故而來找我諮詢。羅伯特剛結束他的住院醫師實習；蒂則是在羅伯特取得醫學學位的大學擔任行政人員。他們的

背景截然不同：羅伯特來自於家有恆產的新英格蘭家庭，然而蒂卻是在加州聖克魯茲（Santa Cruz）的嬉皮飛地（hippie enclave）由單親媽媽扶養長大。羅伯特的家族並不認可蒂，因為她比羅伯特還大五歲，而且非出身自名門望族。若他們知道蒂的母親是以種植奇花異卉維生，其中某些可能還是非法持有，恐怕會更反對。然而，羅伯特和蒂深墜情網，也已計畫在羅伯特家族莊園舉行一場別出心裁的婚禮。但由於羅伯特家人的堅持，這場婚禮必須等到羅伯特正式當上內科醫師後才能舉辦。

羅伯特完成住院醫師實習當天，兩人開心極了，臨時決定用自己的方式來舉辦婚禮。他們開車去了雷諾（Reno），就在一個婚禮教堂結了婚。連停下來吃午餐都沒有，他們又直接掉頭驅車前往聖克魯茲。蒂的母親桃樂絲（Dorothy）接到電話知道這個消息後非常高興，也答應當晚要安排一個盛大的派對來慶祝他們新婚。羅伯特和蒂決定先不要打電話通知他的家人這個消息。

當他們導航到一條蜿蜒泥濘的小路往桃樂絲的小屋去

時，羅伯特和蒂突然衝動地把車開進樹林間，想要在派對之前先享受一陣熱情的歡愉。他們把毯子在樹林間攤開，然後躺下來慶祝新婚後的第一次性愛探險。在燃燒的激情之中，他們從毯子上滾出來，滾進了有毒的橡木上。由於橡木的毒性要二十四小時才會顯出癥狀，因此他們並沒有察覺到又紅又癢的疹子炸彈已經滴答滴答在倒數了。他們接著前往派對，桃樂絲和朋友們已為這對新婚夫妻準備了一場喧鬧無比的熱烈歡迎派對。跳舞歌唱到凌晨一、兩點後，他們終於累癱在床上，直到隔天早上才被雙料痛苦喚醒：不只頭暈腦脹，還有癢得要命的紅疹。接下來幾天他們得不斷進出冰塊浴，灌止痛藥，以及塗抹厚厚的乳液。羅伯特本來直到那時都滴酒不沾，他甚至得要吃些桃樂絲的異國藥草配方才能得到舒緩。

　　幾週後他們來找我諮詢，試著要合理化這次的經驗，但他們的合理化並沒有讓自己感到開心。蒂因其多采多姿的教養，懷疑這次的經驗是否是來自天地的訊號，告誡兩人根本不應該在一起。羅伯特的觀點則是單純的自我批判。「我治

療過橡木的毒，」他說：「到底為什麼我沒注意到我們滾進橡木叢中？」當我聽著他們的故事時，我看見閃亮的霓虹告示牌寫著障礙二，而當我向他們解釋障礙二如何運作時，我看見他們的臉上閃現了放鬆的神情。

除了理解他們何以如此明顯而痛苦地懲罰自己，我也開了基本藥方給他們，並且現場提供器材以便他們服用我開的藥方。我把自己的電話借給他們，請他們打電話給羅伯特的父母，因為他們仍然還未被通知心愛的兒子已偏離了常軌。他們接受了這個主意，就像野馬初次裝上馬鞍那樣的熱切。諮商師就是為此時刻而存在，我說服他們，他們等得越久，就會變得越難開口。

每個溝通的背後都有個令人膽怯地全身冒冷汗的十分鐘，然而，只要鼓起勇氣去擁抱它，你就會立刻放鬆下來，也會馬上開啟溝通的契機，而問題也就迎刃而解了。我聽著羅伯特和蒂向羅伯特的父母敞開心胸告知此消息，在開頭幾分鐘的來回騷動後，對話變得和諧，結束時羅伯特的父母還邀請他們在新英格蘭開場盛大的歡迎會，而非婚禮。

隱藏障礙三：相信更多的成功帶來更大的包袱

相信自己是個包袱的舊執念會讓你裹足不前，使你無法盡全力施展能耐，來追求成功和愉悅。若此執念牢牢地綁住你，你的「上限」咒就會如下：

我無法盡全力發揮潛能，因為如此我會變成比現在更大的包袱。

之前已提過，人常有一個以上的障礙。以我自己為例，其中的兩個障礙對我來說就極具挑戰性。前一節已分享過我在克服背叛和遺棄的障礙時所遭遇的困難，現在我要告訴你關於包袱的障礙，也就是我的第二大挑戰。看看我的故事和你是否有些雷同之處。

我來到這世上的那一刻，有兩個重大的訊息混合著歡迎我，亦即：你是個包袱，也是個祝福。我對母親來說是個包袱，但對於外祖父母而言卻是個慶祝的理由。我是個包袱的

原因是，父親當我還在母親肚子裡幾週時就過世了，只留給母親三百美元撫養我哥哥和腹中沒人知道的我。母親無業，要養活自己和我的六歲大哥哥已經很難了，意料之外的新寶寶更超出了貧困寡婦所能負擔的範圍，她也因此在我出生後憂鬱了快一整年。所幸我的外祖父母就住在隔壁，兩人都六十多歲了但仍生氣勃勃，對於將要有個小男寶寶在身邊感到樂不可支。他們養大了四個女兒，隨時都可以再養個小男孩。我成為了他們總是夢想著的那個男孩，在我的童年中從未有一天不曾感受到他們的愛和關心。即使在母親康復後，我開始花較長的時間待在她的房子裡，但有他們在隔壁就是個天賜的禮物。

這個背景對於我人生稍晚將會遭遇的「上限問題」是個完美的設定。我的人生是以作為包袱和祝福的複合體開始，這使我在成年後還常常不斷重複這樣的混雜情況。每當我有個重大的突破，瞬間就開始感覺自己是這世界的包袱。有時候世界還會注意到我的感覺，馬上舉證附和我的確如此。

我回想起一個痛苦的時刻，那是我快三十歲時與母親和

哥哥的一次家庭聚餐。那時我的第一本書剛好印出來，我就帶了兩本給他們。我得意地展示新書時，他們就坐在桌邊聊天。兩人看著我的書，把它翻來覆去，然後就擱在一邊，沒打開也沒說一句恭喜。接著他們繼續聊天，雲淡風輕，就像什麼事都沒發生過。我記得我就目瞪口呆地站在那裡。此時我並不知道什麼所謂的「上限問題」，所以並未想到這次事件早在我呼吸第一口空氣以前，就已經啟動作業模式了。我花了好幾年才了解，我的存在對於他們來說是怎樣的一個包袱。我沒辦法想像他們經歷了怎樣的掙扎，才能應付他們世界中的這個不速之客。他們會判我包袱的罪一點也不意外，所以他們會認為我寫的書也是壓在他們身上的包袱也就更不意外了。若他們對我的認知就是個包袱，自然會把所有我製造出來的東西當作是另外的包袱，縱使我並未犯下那個他們想像的原罪。但令人驚訝的是，我會如何判自己的罪呢？

快三十歲時我開始覺醒，並且了解到所有我感覺到的罪惡感都是我沒犯的罪。我保證你也會發現同樣的事。當然，我也做過許多我覺得罪惡的事。我想你也能想到一些那類的

事。然而，我發現若拿掉讀幼稚園以前父母和兄弟姊妹判的罪，我們就能擺脫觸發「上限問題」的主要癥結了。

隱藏障礙四：耀眼之罪

耀眼障礙的「無意識」咒如下：

我絕不能擴展成功到無人之境，因為如此我就會變得比＿＿＿＿＿＿＿＿＿＿＿耀眼，而使他或她看來差勁或覺得不好。

此障礙在具有天賦異稟的孩子身上很常見。他們得到父母的很多關注，但伴隨而來的是強烈的潛意識訊息：不要太耀眼，否則你會讓其他人覺得不好或看來差勁。具有天賦的小孩常常被控偷走了家裡其他成員的關注。因此具有天賦的孩子設計出一個下意識的解法，也就是減弱他們天賦的亮度，如此其他人才不會覺得備受威脅。另一個解法則是繼續

保持耀眼發亮，但降低因此而來的愉悅感。若看似在受苦，他們就能從其他人身上得到移情作用和同情，而非忌妒。

肯尼・羅根斯（Kenny Loggins）是跨越此障礙而「大躍跳」的極佳範例。肯尼是我多年的朋友兼鄰居，我和他出遊多次，為他和樂團擔任隨行顧問。幾年前我還在肯尼和他的老合夥人吉姆・梅希納（Jim Messina）籌備樂團重聚巡迴演唱時，輔導過他們。羅根斯和梅希納在很年輕時就在搖滾樂界享有盛名，二十出頭就獲得了名聲、財富和好評。但混亂和衝突終究造成他們分道揚鑣，而麻煩也跟著進入他們的個人事業中。肯尼發展得很成功，在八〇年代帶來了一股風潮；同時吉姆則尋求其他出路，例如擔任其他音樂人的專輯製作人。即使肯尼完成了很多暢銷作品，也贏得了葛萊美獎，卻未能享受他的成功。當他做得很好或贏得獎項，他在私人生活上就會出些狀況來破壞這種潛在的好感和讚嘆。他會生病，或出意外，或搞砸一段關係；總有些事情，而且總是剛好在他得到什麼成就之後就發生了。在長期輔導肯尼及短時間輔導吉姆之後，我在他們身上發現了經典的隱藏障礙

四。

　　雖然他們從未注意，但他們有著相當類似的背景。他們從小都稟賦聰慧，努力和受偏愛的另一手足爭得父母的關注。他們也從父母那裡得到隱藏的訊息，要他們不要搶過了手足的風頭。當天才二人組在他們快二十歲時組了樂團，此早年的設定對他們兩人都頗有利。兩人以兄弟之姿攜手闖蕩天下，共享耀眼的光環，他們也的確耀眼地贏得了一個接一個叫好又叫座的成績。

　　然而，當他們各自開始獨立，並且朝著自己的音樂路途前進時，舊「上限問題」卻傾全力回擊他們。現在他們兩個都困在不能比對方耀眼的舊恐懼中。這種恐懼使其中一個在找尋新方向時絆了腳；另一個則是因為一個又一個自我破壞的不幸事件，而無法盡情享受成功的喜悅。

　　所幸他們及時醒悟。他們點出了這個舊的樣態，進而超越了它。吉姆開創了新事業，成立教導寫歌的工作坊。至於肯尼，表面上的工作災難背後其實隱藏了改變生命的隱喻，肯尼也從中得到啟發。他被提名了葛萊美獎，在頒獎典禮

上，在最多音樂人參與的現場，他上臺演唱暢銷熱門歌曲
「我很好（I'm All Right）」。聽到歌曲獨特的前奏，全場
就爆出了如雷掌聲，但是極諷刺的是，在肯尼開始演唱時，
麥克風竟然壞了。在麥克風修好之前，他跳上高臺開口清
唱，挽救了無聲的危機。但這場尷尬依舊在其後產生了後座
力：為什麼在他事業的高峰會「失」聲？這個問題的答案讓
他獲得了「大躍跳」，從而創造出偉大作品。他了解自己再
也不想創作那些讓他名利雙收的同類型罐頭流行樂了。那
些創作很顯然是在他的「真才地帶」，而不是在「天才地
帶」。雖然他很自豪於自己創作的熱門流行樂，但他覺得它
們仍是來自於他內心中對於耀眼的恐懼。幸運的是，他留心
天賦的召喚，並且深刻思索他人生的每個面向。在內心深處
他聽到體內冒出了一種新音樂，那是觸及環境、忠誠關係，
以及其他那些並非主流流行樂議題的歌。這張專輯的出現有
點相合於它在他人生中扮演的角色：「信念之躍動（Leap of
Faith）」，在大眾和樂評間都廣獲好評，其中即包含了像
「心之罪（Conviction of the Heart）」這樣的歌，而這首歌也

成為越來越盛的環保運動聖歌。接著，在華盛頓特區的地球日（Earth Day）慶祝活動中，肯尼成功地在五十萬人面前演唱「心之罪」，此刻的表演完全遮蓋了過去的恐懼。

「上限」發作的一件好事是，不用耗費多久即可找出問題的根源。一旦看見它，就等於在一個長期黯淡的房間裡點亮一盞燈。接下來通常會需要做個大掃除，但因為燈亮了，所以清掃並不困難。

某種蠱術常在天賦異稟的人年幼時被施放在其身上，這種蠱術使他們在特別閃亮的時刻會感覺不佳。為什麼父母會如此蠱惑孩子呢？以下的例子即可解釋緣由：

約瑟夫（Joseph）是個中年業務，他小時候曾是個鋼琴神童，在專職音樂家的角色上曾獲得小小的成功，但之後卻在不知所以然的狀況下不斷遭遇隱藏障礙四的糾纏，而完全退出了音樂界。具體而言，每當約瑟夫突破了更高度的成功，他就被罪惡感纏住，然後感覺比之前更糟糕。甚至在他退出音樂界以後，這種樣態仍然在他的業務生涯陰魂不散。

在第一次會談中，我們找出了他過去初次受困於障礙的

時刻。在成長的過程中，約瑟夫和他的唯一妹妹很親近，而她也是個天生的音樂家。她在八歲時死於血癌，留給他和父母極大的哀痛。這使他更熱切地埋首於音樂中。

當約瑟夫陳述童年故事時，他發現自己十歲出頭時第一次感受到一種致命的罪惡感，這種感覺即使在成人後還時時縈繞在心頭。某次生日，父母送給了他生平第一臺平臺鋼琴。在這之前，每次他要彈平臺鋼琴都得搭公車到鎮上的音樂教室。現在不論晴雨，他都能每天彈平臺鋼琴了。

生日的前一晚，在他睡著之後父母著人把鋼琴搬進了客廳。早上起床後，父母要他閉上眼睛，帶著他走進客廳。他們把他帶到鋼琴面前，叫他睜開眼睛。那一刻他既興奮又感激。他淚眼婆娑地抱住雙親，坐在鋼琴前。在他第一次舉起手指撫觸琴鍵時，母親說了：「要不是妹妹死了，我們永遠也買不起這臺鋼琴。」他的喜悅瞬間被罪惡和哀傷掩蓋。此樣態就此被啟動了，影響了他往後的四十年。

什麼原因會使父母說出這樣的話？下意識地，他們必定希望他能永遠記得妹妹，同時感謝她用這麼短的生命給家人

帶來了光亮。下意識地，他們一定覺得深深地哀慟，一個孩子能夠如此閃耀，另一個卻永遠不可能了。他們對約瑟夫感受到的驕傲，永遠都伴隨著對逝去女兒的哀傷。他們終生都會處在一陣陣的這種哀傷之中，但卻不知不覺地也讓約瑟夫處在同樣的狀況之下。

幸運的是，約瑟夫逃開了。他了解這項被判定的罪——活著並因此永遠比妹妹閃耀——是項只存在於父母想像中的罪。很多人可能過去也有過類似的問題。若是如此，你需要問問自己，是否因為從很久以前就害怕會比誰更耀眼，而害怕走向極致成功。問問你自己，是否害怕你的成功會將注意力從某個你被迫相信會更需要它的人身上偷走。

往前走

現在你已擁有「大躍跳」所需的背景知識了。你了解「上限問題」的基礎和它的根源，現在該加快學習的速度了，就直接套用你錯綜複雜的人生經驗吧。你的「上限問

題」就存在於你和自己及周邊那些人的即時互動中。唯有機敏地聚焦於你日常生活中那些具體面向,方可獲得這些資料。下一章我會告訴你到底可在何處找到它們。我料想你會驚訝於這些引領你走向自由的關鍵之鑰如此優雅質樸,甚至會加倍驚詫於它們竟然就隱藏在眾目睽睽之下。

3

具體找出問題

點出日常上限問題

現在將你的認知力集中在幾項具體行動上。這項練習的目的是要知道你的「上限問題」如何作用。一旦看見它開始作用，你的人生就會產生新的導航工具。學開車時，我記得教練曾告訴我，要說開車是科學，不如說它是藝術。他說，要達到藝術的境界，就是他所謂的「宜人警戒（benign vigilance）」狀態，白話的意思就是敏銳但輕鬆地注意你的車子和其他車輛每分鐘的動靜。在「天才地帶」的旅程就像這樣。學習活在「天才地帶」，終生追尋「上限」行為，你會從中獲益無窮。就像刷牙或調整車子的後視鏡那樣，自然而然地把找出它們變成日常固定程序。

「上限」自己的典型方式

幾年前我的某個客戶發明了一個新動詞來描述他的「上限」行為。他說：「前幾天我逮到自己正在『上限』自己。」當時在專題討論會中馬上就被其他參與者接著引用了，因為「上限問題」出現在一個你正在動作的實際情境

中。當你正在「上限」自己時，也就是正在束縛你的正能量流瀉。還好「上限」自己並沒有很多方式。在你感受到「上限問題」時即轉向自己，找出哪些讓你覺得熟悉。以下就從最常見的狀況開始：擔憂。

擔憂

擔憂往往是我們正在「上限」自己的一個訊號。若我們思考的是有用的東西，通常這並不是一個訊號；但當我們擔心那種我們無能為力的事時，這種不必要的擔憂就成了關鍵訊號。只有在我們能夠實際做些什麼，而且能夠立即採取正面的行動時擔憂才有用。所有其他的擔憂都只是「上限」的噪音，是我們下意識地設計來把自己安全地困在「真才地帶」或「普才地帶」的方法。以下即是它作用的方式：

當事情發展順利時，「上限」機制就有機可乘，我們會突然開始擔心事情會有些不順利。我們開始用更多憂思來調整那些憂思，然後很快地忙著製造出事物就要分崩離析，轉

進末日審判的情境。

當我初次注意到自己有這種傾向時，我很驚訝自己竟然可以那麼快地從幾個不大重要的憂思，轉為文明毀滅的浮誇災難情境。若你注意到自己的憂思——認真仔細地研究幾天——你會發現某些令人吃驚的事：你的憂思幾乎沒有半個跟現實有關。再深入舉例來說，你早上沖了一杯咖啡，把它裝進隨身杯，然後急急出門去上班。本來你走得很快，開心啜飲著咖啡，突然你開始擔心起自己可能把水壺放在爐子上乾燒。此為真實情境的憂思。有兩個理由值得擔憂：一是你的房子可能會燒得精光；二是你可以做些什麼來解決這個憂思。

有個好方法可知憂思是否值得在乎。就問問自己：

這真的可能嗎？

然後⋯⋯

我能立刻採取什麼積極行動來改變此情境？

　　例如水壺的例子，答案很明顯是「是。」以及「是，確實有可能。」而且你可以立即採取幾個積極的做法。你可以馬上回去，檢查是否確有關火；你也可以馬上打電話回家，叫家裡的人去檢查。然而，就算這些憂思是基於真實情況，對某些人來說仍可能是「上限」的徵兆。有些人總是擔心自己是否會做錯事或粗心大意，就像把水壺忘在爐子上燒。這是某種人格特質的表現。我很清楚這類人格特質，因為我曾有機會花極長時間深入研究這樣的案例。但不管你是天生愛憂慮還是後天變得愛憂慮都不重要，你真正應該知道的是：

　　當事情發展順利，或當你感覺特別好時，你總會製造出一連串的憂思來讓自己沮喪。一旦你因為憂慮而感到沮喪，你還會想要再把這些憂思轉嫁到他人身上。若我們陷在憂慮之中而身邊的人卻沒有同感，我們似乎會有種無法克制的衝動，想要責怪他人，直到他或她也和我們同樣跳進負面情緒中為止。

我曾輔導過一位億萬富翁，他老是擔心虧損。事實上，就算他連續五年每天損失一百萬美元，他也承擔得起，手上也仍然還有十億美元。他的擔憂滲入了婚姻，產生了「上限」的徵兆：指責和批判。他常因太太老是買最貴的衛生紙品牌而生氣。她很喜歡某個特定的牌子，但他總是努力說服她比較便宜的牌子也一樣好用。就像這樣的狀況，顯而易見衛生紙並不是真正的問題本身。

我好說歹說地花了好些力氣，他才終於看清他的擔憂和吹毛求疵，只不過是在擾亂他人生和感情的正能量罷了。由於他以數字維生，所以我請他用計算機來算算衛生紙的實際成本。我說：「想像她瘋狂地每天買個一百捲！再想像她惱火地每天買個一百捲，連續買個五十年。從現在算起五十年，那時你們都九十歲了，她會花多少錢？」他馬上算出她這一生狂掃衛生紙的成本：一百五十萬美元。然後我請他算算這占他財產淨值的幾分之幾。這部分他甚至不用計算機就可以算得出來。我不記得實際數字，但遠小於百分之一。我問他的財產淨值在日常的股市波動中有多少變化。他說，有

時候一個小時就有一億美元的差異。我指出，即使他太太加倍瘋狂地每天買個一千捲，仍然比不上他的資產每天在股市的波動。「既然如此，」我說：「你責怪太太的真正理由是什麼？」

由於我們的諮詢會談很多都膠著於金錢，我改了句俗諺來應和：金錢爭執從來都跟金錢無關。金錢爭執總是有關於其他更深層的東西，他的案例就是如此。我們發現他的內心深處並不認為自己值得這麼富有與如此被愛。他從小在富裕家庭長大，但他說父母每天都把時間花在彼此的激戰上。他不知不覺地在自己的婚姻中也延續著這種爭吵不休的家庭傳統。在他的原生家庭中，生活公式是「金錢等於爭吵。」不管是一億美元或是幾百塊的高品質衛生紙，只要有關於金錢，就會有隨之而來的爭吵。

我給他的功課是，斷然停止批判和指責。我請他立即完全停止對他太太有關金錢的吹毛求疵。為了耗盡他的全部精力，我告訴他我高度懷疑他連一天都無法不批評他太太的用錢方式。他挑釁似地抬起下巴，接受了我的挑戰。當他們夫

妻倆來參加隔次會談時，兩人看起來似乎都年輕了十歲。他們甚至把功課提高到更高層次，決定永遠不再爭吵。他告訴我他們過了愉悅的一週，「慶幸我們之所有，而不挑剔我們之所無。」

　　要好好研究自己的擔憂習慣。我已看過許多不再擔憂成癮後生命得到改變的案例，包括我自己。沒錯，擔憂確實會成癮。事實上，它就好比在賭博電玩店玩吃角子老虎一樣，有時你真的會中大獎，真的得到回報。假使一直擔心股市崩盤，擔心久了最後就真的會中大獎，畢竟股市偶爾總會崩盤。

　　由於我也是從杞人憂天病慢慢康復起來，因此對於慢性杞人憂天病患者頗有了解。我直到快三十歲才真正知道，大部分我擔憂的事都是自己無法掌握的事。在那以前，我還以為某種程度上擔憂會有幫助和作用。其實我甚至相信，若任何其他人都不像我這麼擔憂，必然是他們有問題。漸漸地我了解到，我只不過是為了遏止自己內在的正能量流竄而感到憂慮。擔憂就是我「上限」自己的方式之一。

你看過伍迪·艾倫的得獎電影《安妮霍爾》（Annie Hall）嗎？裡面有個場景清楚呈現了「上限問題」如何破壞婚姻關係。伍迪狂躁地在臥室走來走去，緊緊扭絞著雙手，努力吸引太太的注意，聽他說他對甘迺迪謀殺案的最新陰謀論。她忍著怒氣靜靜看著，直到他終於減慢誇誇其談的速度後，她總算能夠插句話。她溫柔地暗示，或許他這麼著迷於這些，只不過是為了避免和她發生親密行為。然後在長長的沉默之中，他思考著她的觀點。觀眾猜想他會爆出憤怒的否認。終於他說了：「你說得沒錯。」

這場具有啟發性的戲暗藏了許多的智慧。若你隨意看看任何人的內心，就有機會看到他正為了什麼事在擔憂之中。如你向他暗示那些憂思只不過是為了避免感受正能量而產生出來，恐怕你沒機會聽到他說：「你說得沒錯。」他們或許會爭辯這些憂思對於天地的正確運轉至關重大，若無憂慮，那麼整個企業終會潰決。我深知這種感覺，因為我自己以前也是這樣。我認為一天二十四小時的憂思是對生命正確的回應。我花了很長時間才了解，自己百分之九十九的擔憂

毫無必要。我很羞愧地了解到，我的憂思只不過是為了感覺悲慘而已。更令人羞愧的是，我就是那個把自己的手指頭牢牢地按在悲慘按鈕上的人。還好我發現我也有不按那個按鈕的力量。

擔憂：現在你能做什麼

現在我每天練習找出自己的憂思。這麼做，即可當作踏入「天才地帶」的跳板。以下是我發展出來的工具，它們是一串連續動作。這些連續動作必可讓你逃出擔憂的牢籠。逐步熟悉這些步驟以後，後續會接著補充實際的案例。

一、我注意到自己正在擔憂什麼。

二、我放下這些憂思，把注意力轉到別處去。

三、我猜想，有什麼好康的新鮮事會出現呢？

四、這好康的新鮮事出現時，我通常會有身體反應（並非想法或點子）。

五、我集中注意力來深度感受身體的感覺。

六、我盡量久久地讓自己深度感受這種感覺，越久越好。

七、接著，我常常就會想出這好康的新鮮事來。

以下就以一個真實的案例來解析此流程。

一、某個週六午後，我走在小鎮街上，路過一家珠寶店。這些年來，我和太太凱瑟琳在那裡買了不少漂亮的珠寶。經過時我瞄了一下櫥窗，讚嘆有些珠寶實在太美了。大約十五秒後我開始有些擔憂錢的事。具體來說，我的憂思是有關於家族中很有天分的年輕後輩，我不知道是否有足夠的金錢供她去讀她很想去的私立音樂學院。

二、我注意到這份憂思，然後丟下它。我想到一半就不再想了，並未念念不忘。

三、我猜想是否有什麼好事正要發生。

四、我感覺喉嚨中有一股愉悅的感受。

五、我繼續往前走，澈底地感受、品味這種愉悅的感覺。

六、幾分鐘後進到車子裡，我突然深深理解，看著櫥窗中的珠寶，想到我和太太比起家族中的其他成員享有多少財富啊，我突然湧起了陣陣的罪惡感。看著珠寶也喚起了我內心中對於太太深深的愛和感謝，我多希望有什麼珠寶可以真正表達這些深刻的情感。我在車裡坐了好一會兒才轉動引擎，好好享受那種深深愛慕和深深感謝她的甜蜜感覺，也深深感激我們在人生中創造的富足。我了解沒有什麼實際的物品可以像珠寶那樣表達那些感情。它們存在於非物質的世界，在我們之間連結的感情之中。

七、我拿起電話打給凱瑟琳。她也正在外面辦事，恰好就在兩條街外。我告訴她自己剛剛經歷的連串過程，從對櫥窗的一瞥，到那些憂思，到那個感受到我對她滿溢的愛與感謝的美妙時刻。我說，「我們

必須花更多時間來讚美我們所擁有的一切。」

八、她深有同感，並且給了我一個大大的飛吻。我說再見，然後發動車子開車回家。

　　接著來探索剛剛發生了什麼事。首先，我選擇不要把我對金錢的憂思視為真正關於金錢的問題。這就是針對你的任何憂思所應採取的態度，要把它們視為「上限問題」的徵兆，除非它們是你可馬上採取行動來解決的真實問題。以我的案例來說，在我外出辦事走在街上時，我產生了是否有足夠的金錢供家族成員去就讀音樂學院的憂思。我的心智立即推斷，那些想法並不是關於真正發生的問題。事實上我可以輕易負擔姪女的學費。真正的問題並不是金錢，而是我是否想要處理那些提供金援給某個家族成員後，往往隨之而來的情緒變化。此外，憂思並不是關於我需要馬上去處理的事。即使我想要提供金援，也不可能就在街上打個電話去匯款。這是我的心智推斷出這些憂思比較可能是「上限問題」的第二個理由。

　　這個推斷只花了我奈米的時間，希望你也能達成這樣的目標。多練習幾次，你就能很容易發現哪些想法你應該留意，而哪些想法你可以擱下。講到擱下，希望你注意到我如何輕易地就把關於金錢的成串想法拋下了。想像你在手中捏著網球，然後你的手鬆開了，放下了那顆球。很多人不相信他們可以就像這樣輕鬆地擱下憂思。一時之間憂思攫住了你，然後你會突然了解到是你緊握住它們；鬆開手，這些想法就消失了。當然，它們會再跑回來，你就再放開它們。多練習幾次，讓你的心智去思考更有意義的事，它們就會永遠消失，不再出現了。更有意義的事就是去尋找積極正面的新機會。換句話說，當你發現自己在擔憂時，表示有什麼積極正面的事物就要突破你的憂思了，特別是當你發現自己不斷重複同樣的憂思時，也就是你的「天才地帶」在向你搖旗吶喊了。有什麼正在努力揮手吸引你的注意，跳過這些憂思看看，你常常就會發現前方的道路已經畫出了新的方向。

　　當我的「天才地帶」運作時，我做著自己愛做的事，享受著自己擁有的一切。我對金錢的憂思只不過是個訊號。這

個訊號告訴我，該擴展能耐讓自己陶醉在財富和愛帶來的歡愉之中了。就我所知，這種組合在我的家族世系中相當陌生，它是新的領域，我正學習與它和平共處。因此我必須克服幾千年來認定生命總需要逆境的設定。我們需要品嘗成功的滋味，從一次幾秒鐘，再來幾分鐘，然後再變成幾個月，好好地享受成功的果實。

　　這是個史詩般的任務。科學證明魚類祖先花了很長的時間發展出必需工具，從最初在乾燥陸地上振翅而行，進化到用雙腳行走。現在我們就處在進化的階段，就如同早期魚類鼓翅的進化：學習讓自己享受愛、財富和其他正能量，而不自我破壞。這需要耐心，在享受好運道時也要好好鼓勵自己。

批判與指責

　　前面提過大部分憂思都完全和現實無關。批判也是如此。換句話說，當我們批判某事物時，通常跟我們在批判的

該事物無關。當我們指責任何人或事，是因為我們遇到了「上限」而試圖降低正能量。

我第一次發現這個事實時實在難以接受。過去我花了好多年來雕琢自己的批判指責技巧，當我批判或指責某人某事時，我已經完全被催眠，其他人必定做了什麼該被批判的事。批判和指責就像是在被催眠或恍惚的狀態之下產生，恍恍惚惚時，我們真的會相信別人做錯了。你或許看過那種舞臺催眠，催眠師會讓被催眠者相信自己是狗或雞；被催眠者會照命令吠叫或在舞臺上昂首闊步地行走，還搧動著想像中的翅膀。觀眾爆出歡笑聲，或許是因為我們了解自己過著的就是恍惚的人生。

批判和指責會成癮，而且非常昂貴，因為它們是親密關係中的最大殺手。當兩人分手時，最常聽見的說法是：「我已厭倦不停地批判和指責了。」謹記在心，即知批判和指責成癮何以加倍的重要了。

若想知道「上限」行為是否成癮，可以快速做個實驗：試著一天不這麼做會怎樣。若未成癮，你就能立即停止；若

已成癮，則它會下意識地滲進你的行為中，就像戒菸者會不自覺地叼起香菸一樣。

自我批判和批判他人沒有兩樣。換句話說，自責和指責別人也是同樣的「上限」樣態。自我批判和批判他人都會高度成癮，都是摧毀正能量的常見方法。記得前面提過，擔憂只有在能做些什麼的真實狀況下才有用？批判也是如此，只有在它指定特定事物以及產生有用的結果時才有意義。例如，若我在電梯中踩在你的腳上，那麼就責怪我吧。因為這樣有用，尤其是它能讓你的腳趾不再被我殘暴的鞋子踩在腳底下。

慢性批判和慢性指責是真的需要消除的行為，它們從來就不是為了產生什麼結果。約翰（John）是戴爾電腦的頂尖業務經理，幾年前因為某個問題而使他的團隊產生莫大的壓力，亦即他偶爾會突然暴怒，然後猛烈責罵某人或整個團隊。某些狀況下，他甚至會氣得用拳頭猛搥桌子，然後臉漲得像番茄那麼紅。但這對他來說並不像對其他人般那麼嚴重。在暴怒十秒鐘後，他就忘得一乾二淨了。「千萬別放心

上，」他說：「我沒有任何意思，也從來不記隔夜仇。」不幸的是，接收他怒氣的人卻無法心平氣和地「就忘了」，其中有些人幾天後甚至幾週後仍然因為他的暴怒而不痛快。

為什麼這種樣態是「上限」行為呢？當我輔導約翰解決此問題時，我們發現這些暴怒通常都是伴隨著好消息而來。例如，他的業務團隊成員做了什麼值得注目的事，約翰就會開始感受到正能量的流動，然後極力稱讚該成員。隨後他的「上限」開始發作，他會開始想到該成員過去曾經如何讓他失望。這種失望很快會凝結為怒氣，然後暴怒就隨之而來了。當我問他的團隊成員時，沒有半個記得約翰曾讚美過他們。

約翰承諾會終結這種暴怒的樣態，我們接著開始打破此問題的序列。我讓他進行角色扮演，先以我為替身來稱讚某個團隊成員。當約翰開口稱讚我時，他開始猛烈地大咳起來。我請他暫停，然後開始思索隱藏在咳嗽後面的感覺。他告訴我這讓他想起了父親，五十年前，父親表面上稱讚他，骨子裡卻是在批判他，例如「你終於得到了你早該得到的成

績了。」最後每當父親對他說些什麼正面的話，他反而畏縮起來，因為他知道隱藏在稱讚後面的是父親反手的一巴掌。「我從來不知道斧頭什麼時候會劈下來。」他說。

我溫和地指出，他讓同樣的樣態在團隊中滋生。他們告訴我，由於無法預測他何時會暴怒，所以常常不告訴他重要的問題。約翰跌坐在椅子上，內心也消沉了。他坐在那兒一會兒，似乎暈了，然後說：「我得收拾這個狀況。」結束與我的會談後，他把團隊叫來，告訴他們他剛學到了什麼。我選擇不參加他們的會議，免得看起來像是我在幕後操縱他的天啟。之後我從約翰和他的業務團隊中聽說，這是他們事業中最有力的時刻。看見他們尊崇的有力人士能夠如此坦誠以對，團隊成員非常感動。

以下給你的功課是：要敏銳地觀察那些爆出你口中或閃過你心中的批判。把它們分成兩堆：第一堆包含你打算要做些什麼的這類批判（「嘿，你踩在我腳上了。走開！」）；第二堆包含所有其他的批判。我猜你會像我一樣既羞愧又解脫地發現，第二堆遠比第一堆的瑣碎事物堆得還高。

轉移

不讓正能量集中,而使它們產生波折,這種方法就是我所謂的轉移;它太常見了,所以常被視為理所當然。想想你聽過多少次以下這種轉移的例子:

喬(Joe):你簡報得真棒。

傑克(Jack):沒啊,我超時了,還得省略最棒的幾個部分。

喬:真的,我發現在場的人的確很專心聽你簡報。

傑克:還好他們沒有太過注意,否則就會發現我說錯了好多地方。

轉移使得正能量沒辦法被放下、接收和感謝。試想若傑克用不同的方式來處理,會變得多簡單和優美啊:亦即用接收和感謝正能量來取代轉移。

喬：你簡報得真好。

傑克：謝謝。謝謝你這麼說。我很高興簡報的狀況不錯，因為超時和跳過最棒的幾個部分讓我好沮喪。

此處傑克接受了讚美，而未淡然拒絕。他感謝喬帶給他正能量，並在接收喬的讚賞之後才加上他對簡報的保留意見。

利用轉移來遮擋正能量時，我們會安全地待在「有才地帶」或「真才地帶」。轉移使我們無法自我挑戰，擴展能耐來體驗正能量。

若想更深入研究轉移，可以花些時間在高爾夫球場。高爾夫球手似乎特別專長於轉移正能量（其實我並不擅長高爾夫球，甚至有十七差點，我只是用堅持和熱忱來彌補我天生缺乏的運動技巧）。

不久前，全球五百大的執行長愛德華（Ed）來拜訪我，諮詢處理董事會關係的議題。他熱中於打高爾夫球，而由於我的辦公室就鄰近美國西岸最好的高爾夫球場之一，因此我

們的午後會談就延伸到傍晚的球場去了。上天也幫我們安排好了兩位特地從比佛利山莊來打球的律師艾爾（Al）和鮑伯（Bob），和我們配對比賽。我和愛德華已經花了一整天處理他的「上限問題」，而這兩位高爾夫球伴恰好提供了絕佳的轉移範例。整場球賽中他們陷入了如下一個又一個的轉移：

　　我：打得好，艾爾。

　　艾爾：沒啦，我沒完全打中。

　　愛德華（我的客戶）：推得好啊！鮑伯。

　　鮑伯：總該是我進洞的時候了。我整天都推得好糟啊。

　　我：哇，一桿攻上果嶺了，鮑伯！（他剛從一百碼外打出劈起桿，落在洞外三尺。）

　　鮑伯：是啊，難得這麼幸運。瞎貓總會碰上死耗子。

　　就這麼不斷循環下去。他們兩人都是高爾夫球好手，但聽他們的對話，你恐怕會認為他們是最糟糕的「駭客」（球

技糟到駭人的球客）。這對愛德華來說簡直是絕佳的額外訓練課程，因為我們利用這對專家好好地研究了轉移的理論。打完那場球時，愛德華看到的轉移多到我都懷疑他一生中能否再說出其他的例子。

當你發現自己正在轉移時，可參考以下的做法。當某個人跟你說「打得好」之類的話，先停下來，把向你投射的那股正能量表露出來，謝謝對方發送好意給你。例如，當我說：「打得好，艾爾。」他可以簡單地接收我的正面意見，花點時間感覺開心，並且謝謝我向他表達正能量。我們的對話可能變成如下這樣：

　我：打得好，艾爾。

　艾爾：謝謝。真希望我剛剛打得更準些，還好打得還不錯。

超越「上限問題」的藝術，就是類似於在體內創造空間來感受及領會自然而來的好感受。我所謂的自然是指非藉由

酒精、糖和其他毒品所誘發的好感受。好好品嘗這些好感受就是超越「上限問題」的直接方法。藉由擴充你對於這些好感受的感受力，你也就擴展了對於人生進展順利的耐受力。

以高爾夫球來說，可以享受到的自然好感受有很多，例如球場的美、打出好球的心滿意足、和同伴結伴打球的情誼，這些都是觸發「上限問題」的理想條件。此外，為什麼高爾夫球場是探索「上限問題」的絕佳場所呢，因為打高爾夫球必須等到你揮桿，球才會開始動。在其他的運動中，你可以把失敗歸因於對手的技巧，例如你會出局是因為投手投出了「漂亮的曲球」，或是前鋒跑得比你快。高爾夫球手就沒這麼好康了，你若不把小白球打出去，它就永遠端坐在那兒。這麼說起來，高爾夫球像極了人生，在結局之謎還未揭曉以前，它會等待你的打算和行動。

爭吵

觸及「上限」時，爭吵是把你拉下來的最常見方法之

一。事情進展順利時，衝突很快就能抑制你的正能量。然後，衝突又自行衍生發展，持續數小時、數日或甚至數年。淨效是：你掉回「有才地帶」或「真才地帶」，天賦被拋到了汽車後座。

若能學著了解爭吵是「上限」的徵兆，那麼你就能大幅超越它們了。只要採取行動，就能得到巨額的實質報酬。例如，只要凱瑟琳和我理解到我們的爭吵是「上限」的徵兆，我們就能大大地減少兩人之間衝突的次數。就如本書所寫，我們已經超過十二年不曾爭吵了。我們把所有浪費在爭吵的精力都轉移到創造力上面，在那十二年間一起寫了四本書，也一起做了幾百場簡報（有時演講到這個重點時，觀眾席中總會有人舉起手來問道：「不吵架不會很無聊嗎？」就像在問：「和平不是很無聊嗎？人類不需要用戰爭來調味嗎？」我們可以肯定地證言，我們很開心地共同創造了無聊以外的所有其他東西）。

首先，了解爭吵為什麼會發生。爭吵是因為兩個人（或兩個國家）爭著想要在雙方的關係中取得受害者的地位。某

甲宣稱自己是受害者（「為什麼你這樣對我？」），然後努力讓某乙同意這樣的判斷。換句話說，某乙必須同意自己是加害者。這裡面有個問題，也就是幾乎不可能讓對方同意是他的錯。在近五千次幫人解決爭端的會談中，我從未親耳聽過如下的對話：

某甲：為什麼你把我害得這麼淒慘？這完全是你的錯。

某乙：哇，謝謝你指出這點，我毫無異議。的確是我害的，你是被害者，你這麼悽慘完全是我的錯。

反之，我曾見過五千次如下對話的變形：

某甲：為什麼你害得我如此淒慘？這完全是你的錯。

某乙：我害得你悽慘？我才是受害者。都是你的錯，不是我。我已經忍受你的胡言亂語太久了，久到我都應該得到殉道獎了！

某甲：荒謬。我就告訴你為什麼我是真正的受害者。

　　某乙：好極了。等你講完，我會告訴你為何這些都是你的錯，一直以來都是如此，以後也不會改變。

　　一旦為了受害者的地位而爭吵不休時，每個人都必須找到方法來把對方從受害者釋放出來。換句話說，每個人都必須提出不斷升級的「證據」，來證明他或她才是真正的受害者。當在屋內發生衝突，暴力不見得會隨之而來；但在兩個國家或民族或宗教團體之間產生衝突，暴力則常常在過程中被引爆。九○年代波士尼亞（Bosnian）戰爭時，我曾促成一項研討會，會中有部分波士尼亞人參加。其中之一曾說：「除非你們了解這場戰爭遠從一三八九年就已開始，否則沒有人能夠了解這場戰爭。」所有參與者都笑了，認為他在開玩笑。但他並沒有開玩笑，他接著解釋這兩個派系彼此看不順眼已經超過六百年了。由於他們有著相同的膚色，說著相同的語言，唯一區分兩邊的是他們在信仰和宣稱受害幾世紀的差別。

　　一旦兩邊開始圖謀受害者的地位，這個賽程就能拉長為

好幾代。只要衝突發生在國家或宗教團體或民族團體之間，總是動輒幾世紀。

　　了解爭吵的物理學原理就能找出衝突——不論是夫妻、董事會成員、國家或宗教團體之間——的解法。事實上，只有一種方法可以永久解決衝突。關鍵的見解是：在某種情況下每個整體都象徵百分之百。在衝突中的每個整體都有百分之百的責任來解決衝突。換言之，某甲是個完整而完全的百分之百，某乙也是完整而完全的百分之百。如果涉及兩個人，就有百分之兩百的責任需要分配。致命的錯誤是認為只有百分之百的責任需要切分；此方法只需要每個人負擔百分之百的其中某部分。這是個巨大的思考謬誤，導致巨大的問題，因為它造成雙方無止盡地圖謀受害者的地位。

　　若你不了解每個人都是百分之百的整體，那麼你就無法在這場衝突的參與者中分配這百分之百。這會產生相當的荒謬性，就像幾年前美國丹佛（Denver）的誤診官司即可驗證，其時陪審團判醫師有百分之八十二的責任，而患者有百分之十八的責任。他們如何得出這個數字至今仍不得而知，

但即便是法官都對這個謬判驚詫不已。只要你開始在兩個以上的人中分配百分之百，你就進入了只有一條退路的超現實隧道中了。唯一的出口是分給兩造各百分之百的責任，並請兩造接受這百分之百的責任。

若雙方都宣稱有百分之百的責任，就有結束這場衝突的可能性了。只有百分之百能解決。因為有百分之兩百可以分享，圖謀受害者的地位就表示你要求對方負擔百分之百以上的責任，而你的責任則少於百分之百。沒有人在正常的心智下會同意這樣的交易，很顯然，努力交涉這些交易在過去幾千年間也都澈底失敗了。這種方法如何終結現實生活中的衝突，諸如中東戰事？它可簡化為非常簡單的東西：

穆斯林人：不管過去發生了什麼，我們現在對於開啟這場戰爭有百分之百的責任，也有百分之百的責任要了結它。

猶太人：不管過去發生了什麼，我們現在對於開啟這場戰爭有百分之百的責任，也有百分之百的責任要了結它。

很多人看著這個簡單的解決方法，說：「怎麼可能！」然而，如你告訴另一星球的訪客說，地球人已經為了同樣的事爭吵了幾千年了，這訪客可能會說：「怎麼可能！」而讓挑起衝突的雙方各負百分之百的責任，因而產生一種解決衝突的新方法，則不再是絕無可能的出路。

就讓我們從源頭——臥室或董事會——開始。基於幾百場會談的經驗，我可以告訴你，這種解決問題的方法有效得不得了。當人們走出受害者的地位，承擔起百分之百的責任，他們的婚姻和事業就欣欣向榮起來了。這樣的時刻總是閃耀動人。若想親眼看見這些精采的時刻，請看本書網站上的案例影片。

但願我們能夠在接下來的數千年用新方法解決紛爭。

生病、受傷

當事情發展順利時，有些人就會發生某種狀況：生病或受傷，而那純粹是「上限問題」。要了解有些疾病或事故是

否為「上限問題」所造成，需要花點時間回頭想想你生病或在事故中受傷的時間。你或許沒辦法清楚記得所有細節，因為心智總會仁慈地濾掉很多人生中不愉快事件裡極痛苦的枝微末節。如能拉出某些疾病或事故的記憶，問問自己，它們是否在你事業上獲得極大成功，或在一段關係中得到好時光之時到來，或隨之而來。

當然，並非所有疾病或事故都是「上限問題」。懷疑論者或許會問：「嘿，我不能就只是因為打噴嚏而生病嗎？我不能只是有時不小心從腳踏車上摔下來嗎？它一定得是『上限問題』嗎？」答案是：人生各種病痛有各種理由；然而，若你強烈地想要「大躍跳」，你就會想要檢視帶給你痛苦和苦惱的所有事物，是否是潛在的「上限問題」。你會發現自己遠比想像的還要健康得多。

部分人只是從來未曾仔細看過心智和情緒對身體健康造成的影響，但絕對值得深究。一旦往前找出「上限問題」如何影響自己，就能開始檢驗生命中的所有面向。例如，假設我感覺到感冒鼻塞和喉嚨癢找上我了，我會停下來想想是否

我正在「上限」自己。我很快就發現，如果我把它們視為「上限」的癥狀，我的感冒很快就好了。我的健康因此有了極大的變化。如本書提到，我已經十三年沒得過感冒或流感了。我持續的健康必然要歸功於我把生病或受傷當成「上限」的徵兆。以下會更詳細解釋它究竟如何運作。

三P

　　如果有地圖，你的探索就會更容易些。此處所用的地圖就是我所謂的三P：懲罰（punishment）、預防（prevention）和保護（protection）。這三P可以幫助你了解隱藏在疾病和事故後面的真正驅動力。在我的檔案中就有數百個三P的例子。以下用幾個鮮活的例子來說明三P。

●懲罰：萊恩（Ryan）是個成功的中年股票經紀人，已婚，是社區的中流砥柱，受到他所謂「會死人的偏頭痛」折騰多時。當我們開始探究原因時，我發現他常

常在下午三點左右開始偏頭痛。當我更深入探測時，他低下頭來坦承：通常在某種情況下，也就是在午餐時間和他的年輕祕書發生瘋狂而熾熱的性行為後，他的午後偏頭痛就會發作。萊恩從未把這些狂野的嬉鬧行徑告訴太太。

這就是第一個P的典型範例：懲罰。不難想見他為什麼會用「會死人」的偏頭痛來懲罰自己。當我解釋「上限問題」時，他馬上就理解了。他說自己現在過得比過去幾十年來還開心。理智上來說，他知道出軌和說謊不僅危害自己的事業，還會摧毀自己婚姻中的親密行為。然而，狂熱的性愛不只讓他感覺良好，更讓他覺得得到了中年重生。他又再一次地感覺到年輕時騎摩托車那種不計後果的年少輕狂和飆速快感。

若理智、清醒、神志清楚的心智主導他的想法，那麼萊恩或許會得到如下的高貴解法：

這些美味的感受跟我的祕書無關，我只是用外遇來喚醒我數年來掩藏在盡職的生活和舒適的婚姻之下的感覺。外遇讓我知道我沒辦法盡我所能，穩妥地活在「天才地帶」。我的外遇是個「上限問題」。我誠摯地下定決心要活在「天才地帶」，因此我不用透過說謊和欺騙，就能隨時感覺到狂熱的生命力！

這是他理智、清醒和神志清楚之下可能的處理方式。然而，潛意識的想法並不理智清醒，它們直接而切中要害。他的內心不自覺地用會死人的偏頭痛來處罰自己，認為自己不應感到如此歡愉。偏頭痛就是他「上限問題」的工具，而且它用直接了當的形式來表現，使他無法視而不見。它使得他在午餐時刻的騰雲駕霧進入上熱下冷的平溫層，然後瞬間回到地球表面。頭痛實在煞風景，它說：「歡迎嘗嘗說謊、欺騙和不聽『天才地帶』召喚的苦果。」

萊恩並非因學習速度慢而未成為頂尖的業務，所以他未花很長時間來處理自己面臨的狀況。他痛苦地告別了午餐的

幽會，而且遠比那更為痛苦地和太太談了許多次。但在這些勇敢的對話之後，萊恩很快地得到了回報：偏頭痛消失了。許多身體的癥狀，如頭痛和背痛都是在警告你，就好比疾馳在高速公路上爆胎所帶來的震動和搖晃，這些徵兆是在說：減慢速度，停止你現在的動作，注意，你有些失序了。

　　所幸萊恩及時收到訊息而幡然醒悟，然後處理好狀況。他前方還有兩大任務：重建婚姻，並且在「天才地帶」建造新基地。接下來的兩年他好好地經營了這些事。他抗拒以前的很多活動，並且積極追求自己內心醞釀多年的夢想和願景。首先，他和太太都了解，既然孩子已經大了，那麼原來住的豪宅就不再適合他們了。其次，他把注意力放在公司，指導年輕業務，而不是放在前線的管理。指導新人就是他的「天才地帶」。他做得很好，也因此帶給公司極大的利益。

●我把另外兩個Ｐ做個連結──預防和保護──因為它
　們幾乎總是同時發生。以下即是預防和保護的底線：
　當你從疾病的癥狀或事故的經驗中感到痛苦時，是因

心智無法理智思考。在此時刻，神志不清的心智會找出解決方案。而這種情況下產生出來的解決方案，往往既不講究又粗糙，但它們卻直接而有效（而且通常牽涉到某種痛苦）。

史密斯博士在神志不清的狀況下產生出來的解決方案即是喉炎。預防和保護出來解救了他。他的嘶啞嗓子使他免於簡報，並且使他免於尷尬地成為騙子。癥狀明顯可聞的疾病如喉炎，是大多數人都可接受免除幾乎任何社會活動的方式。

在我們的對話中間，他的喉炎消失了，聲音也變得正常（雖然他一開始並未注意到）。就像正在響的電話，當你接到訊息後，很多癥狀──即使是最痛苦的那些──都不再干擾你了。當他終於發現自己可以正常講話時，有一度驚喜得下巴都快掉下來。若他衝進院長辦公室，不假思索地說出他的罪惡事實，接著進行簡報，那麼這個故事可能會好些。但真正發生的狀況是，他決定繼續守密，然後回家把興高采烈的情緒告訴太太。

下次你發現自己胃痛、心悸，或砸到腳趾頭，問問自己

是否可能在「上限」自己。有時候頭痛就只是頭痛，但常常你稍微深入了解就會發現，它其實是在表達「上限問題」。這是個訊號，你需要因應的是擴張而不是限縮。它在告訴你該打開心胸，擁抱一個正在你體內建立新高水位線的正能量。在頭痛之下，可能是種頓悟，就像痛是負面的感受，這種頓悟是非常強烈的正能量。表面的痛常常是因為抗拒這種正面訊息。有時候正面訊息是我們很怕聽到的訊息，就像「該離職做些別的了。」我曾見過數十位客戶有這樣的發現，了解他們在不知不覺間寧可處理慢性頭痛或背痛，也不願處理底下透露出來的害怕或不確定性。若不願意注意疼痛底下所隱藏的訊息，那麼這種痛就會持續很久。還好只要聽見藏在底下的正面訊息並且開始做些行動，那麼這種恐懼或不確定性就會消失了。

不誠信

不誠信（Integrity Breach）是在超過「上限」時讓你回到

現實最快的方式之一。最常見的做法是說謊、毀約和隱瞞真相。若你開始敏銳地認知這三種行為，就能邁開大步來超越「上限」，並且在「天才地帶」建構好自己。

首先，了解日常中最實用層次的誠信問題。很多人認為有無誠信是道德問題，當然某部分的確如此，但想探討誠信的意義，還有更根本的方式。若你認為誠信是物理性的問題，而不是道德上的問題，那麼你就知道它屬於不可爭辯的力量，例如地心引力。早在道德在其中發生作用以前，誠信的原始定義是完整，與整體性和完整性有關。完整意指整體或完全；不完整則指在整體上有缺口，在完全中有裂縫。把完整當作物理問題，會比僅把它當作道德問題，還能得到更多實用的工具。道德是有關好壞、對錯——不論何者都非常值得論辯。物理則是有關做和不做，而不是是和非。以下舉例說明，在日常生活中用物理方法來臻至完整是多麼價值不菲。

把人與人之間的溝通當作能量的交流，用同樣的方式想想你和自己內心深處的溝通。不完整會停止能量的交流，就

像卵石卡在花園水管中會導致水流不通。例如，我們在街上相遇，你問我：「你好嗎？」我說：「好。」但你注意到我僅僅是看起來好而已，你看到我的嘴角往下彎成苦瓜臉，直直的憂慮紋還印刻在我的眉頭。現在你有個選擇，你可以「禮貌」地忽略你看到的狀況，或者你可以提到你注意到的狀況，再往下延伸到更深度的交談：「你真的好嗎？你看起來像在擔心什麼。」（建議只有在對方是你在意的人時才打破這種談話的表相，我不認為你需要和送披薩的人或停車計時員做太深層的對話。）

若你決定藉由關心我的愁容來打破表面的禮貌，就能維持我們之間的溝通交流；若你不這麼做，那麼我們之間的交流就停止了。因為我們之間的溝通交流，包括你意識到我皺起來的眉頭，若你選擇不提及此狀況，我們的交流就會被封鎖起來。而在這種交流想辦法繞道突破封鎖時，壓力就產生了。這就是堵在水管中的卵石。並不是說它是壞卵石，否則這就成為用道德來解決了；它只是需要被對付的力量，是我們之間完整溝通的裂縫。

想想那時比爾‧柯林頓（Bill Clinton）說出那幾個神奇的字眼：「我沒和那女人發生性行為。」我恰巧看到那個時刻的電視轉播，聽到他說出那句話時我嘆息了。我太太和我（兩人都投票給他）轉向彼此挑眉對視，因為我們馬上看出他在說謊。我們怎麼知道？你自己再看看那一刻（已被放上YouTube和其他類似網站），然後看看是什麼洩漏出真相。當他說出那些話時，他的頭晃了一下，眼睛掃了一下旁邊。我看過幾十次同樣的這種表情，在少年犯和其他人的輔導會談中，當人們打算說謊時，就會出現這樣的表情。用撲克牌的術語來說，那就是一個「破綻」；在身體語言的研究裡，它是欺騙的線索。對我們來說，它就是閃爍的霓虹燈，大聲說著：「我實際上確實和那女人發生了性行為。」它也是在說：「我是個調皮的小男孩，只要不被逮到，我都會演到底。」

和柯林頓具有同樣人格特質的類型，會被驅使不斷地去測試底限。他們會不自覺地想證明他們比其他人聰明，並且不斷升級到他們發現情況不允許為止。為什麼？當約翰‧甘

迺迪（John F. Kennedy）的朋友問他，為何甘冒被逮和累及國家安全的風險，也要夾帶情人進白宮，他說：「我情不自禁。」「情不自禁」不是總統應有的迷人特質，但大眾從來不需要直接面對這種我們面對柯林頓的場面。甘迺迪在白宮的時間短暫，當時的媒體也沒有那麼嗜血，他們習慣對這樣的事保持沉默。

　　柯林頓的事件是純粹的「上限問題」。兩度被選上總統，他站在被高度認同的民意浪潮之上，經濟景氣又欣欣向榮，眼看也有預算盈餘。某處有個小小的聲音在他耳邊輕聲細語地說著：「事情不可能會這麼順利。」他的「上限」開關跳掉了，歷史註定要記上這筆糊塗帳。

　　就像大多數人，我認為說謊在道德上是錯的，但試著把柯林頓撒的小謊當作物理上的問題來看看。謊言猶如是花園的水管中塞進的小卵石，水流被阻塞了；要清除這顆小卵石，得花五千萬美元和每個人一年的時間。眼看著越來越多細節被披露，小卵石和水流之間的戰爭就越激烈，直到水落石出。柯林頓留在陸文斯基（Lewinsky）有名藍色洋裝上的

DNA終於逮到他了（給未來想造彌天大謊的總統：水流汩汩，總會流過卵石；鐵證如山，看看大峽谷便可知）。

現在讓我們把焦點轉移到日常生活的實務上。大多數人不會遭遇到這種規模的「上限問題」，要求DNA分析、彈劾，還有其他柯林頓等級的現象等等。因此，哪裡可能找到不誠信的狀況呢？首先可以尋找的是，為了隱瞞那些我們不想清楚接受的感覺，我們對自己微妙地撒的謊。例如我的輔導個案莎拉（Sarah）及約拿（Jonah），他們兩人是夫妻，承接了家族事業，並且經營得有聲有色，年營業額很快就成長到四千萬美元。但在我們的首次會談中，他們彼此針對不同的事而互有怨懟：約拿說莎拉指控他和兩個員工搞曖昧，他「真的氣極了。」他激烈地否認和任何一個有關係，而此問題馬上捲進去已經燒了好幾個月的大火之中。家族企業的其中一個風險，就是爭吵在非家族員工之間的散布比家人通常了解到的還快。終於有天某個重要員工把他們叫去旁邊，說：「我不知道你們兩個怎麼了，但你們可以盡快和好嗎？你們快把其他人逼瘋了。」這對夫妻終於決定來找我。

　　我請他們暫停爭吵，問莎拉和約拿這種吵架的循環始於何時。從他們的答案，即可確定這果然是個「上限問題」：就緊接在他們創歷史新高的季營收報告之後，爭吵就開始了。但他們並未注意到，就在他們慶祝營收創高之後就爆發了大吵。「上限問題」把人推進了某種意識變動的狀態，我們在某種理智斷線的狀況下「失去意識」，導致不見輿薪。

　　我問了莎拉和約拿一個具體的問題，把他們從爭吵的催眠狀態中喚醒：

你們願意考慮衝突並非關於你們認為有關的事嗎？

　　早在我努力突破自己的「上限」時就發現了關鍵：即使只有一下子，只要能考慮我並不是因為自認的理由而沮喪，就可能打破這個把我陷在裡面的催眠狀態。然後，我就能夠開始看見真正的問題。當人從催眠中被喚醒時，多數人會嚇了一跳地說：「啥？」那也是莎拉和約拿的反應。所以我很快地向他們解釋「上限問題」的運作方式。

　　莎拉和約拿很快地掌握到重點，但就像催眠新手，他們並不了解自己如何被催眠。我告訴他們，可能他們很難接受更高層次的成功或財富，而且搞曖昧或任何其他爭吵的理由，恐怕也不是他們真正吵架的原因。我說，或許等到他們能夠聚焦在「更大的圖像」上時，再來探討這些主題會比較恰當。更大的圖像指的是能夠享受他們的好感受，因為他們並不習慣於接受更大的成功和財富。我推測他們因為浪費精力在批判和搞曖昧的問題上，因而把自己困在「真才地帶」裡面。莎拉和約拿半信半疑地接受了我的轉譯，但好奇地和我討論了更久。

　　在探索的過程中，莎拉告訴了我更多的細節。就在季營收報告出來之後，她突然發現她對自己還有約拿都變得極其挑剔。「莫名的，」她說：「我突然開始列心理清單，記錄我和約拿的所有缺點。然後我開始無法克制地猛烈批判約拿；相對的，他也開始批判我，我們的爭吵就這樣開始了。」

　　那麼那些搞曖昧的指控是怎麼回事呢？它們怎麼來的？

就我所知，從過去的經驗中發現，當你隱藏內心的感覺，就會在其他人身上看到它們，尤其在性的感受上更是如此。我懷疑莎拉是否對某人感覺到性吸引力，但把那些感受深深隱藏在她的內心深處，然後突然開始關注她丈夫的性感受。若真如此，那麼她也不是第一個（或第五百萬個）這麼做的人。這叫作投射，在心理學教科書裡有幾十章都在探討投射作用。簡單地說，如果你的心裡有什麼情緒而你不知該如何處理，你會密封這份情緒，然後開始處理其他人的情緒。我決定要憑直覺走。

回頭想想這些爭吵開始以前的狀況。你是否把某些性感（sexual feelings）受隱藏在內心深處？

房間裡有種強烈的感覺。兩人似乎都很震驚，一臉嚇得不知所措的表情。然後，莎拉帶著一種對我的敵意，打破了沉默。她丟給我不友善的一瞥，輕蔑地笑說：「所以你認為這全都是我的錯？」

「當然不是，」我說：「這和錯或責怪或責罵抑或任何那類的批評都沒關係。這只是在幫助你釐清某些事情在婚姻關係中怎麼發展。」約拿突然溫和地說出他的觀察：「我記得那次派對。」她轉動眼睛，一副「又來了」的表情。我請他們告訴我事情的經過，於是突然之間，全部景象都豁然開朗了。

他們在朋友家裡參加了一場盛大的派對。在當天傍晚的派對中，莎拉可以無限暢飲她最愛的紅酒，據她的說法，她已喝到「回本了」。之後她就全神貫注地和某個剛在社區大學拿到MBA的年輕人聊天。從派對回家的路上，她和約拿發生了劇烈的爭吵，起因是莎拉提到面對年輕人可以輕鬆地談自己的感情。約拿難以傳達他的情緒，常是他們爭吵的主因。

我說：「我們現在回到當時的情況，看看是否能夠找出當時真正發生的事。」我猜測，她和年輕人的互動中，應該有某種完全無辜但非常重要的狀況發生。我請莎拉調整她的頻道，進入最深層的感覺，找找看有什麼感覺或許被她藏到

最底層去了。不過花了幾秒鐘，她的眼淚就掉了下來。她說，和年輕人的對話觸動了她深深的悲傷，對於從來無法和約拿像和年輕人這樣輕鬆的對話交流，她感到很絕望。這場對話也同時觸動了她的陰鬱中年生活，她已四十五歲並且「日薄西山了」，在她的婚姻中恐怕不可能體驗這種渴望已久的深深情動了。

當人談到最深層感受時，就像莎拉，也會激發其他人掉進同樣的深層溝通中。約拿全心聽著，開口時他壓低了聲音說：「我從來不了解那對你來說那麼重要。每次提到這個話題，我都把它聽成了批判。」

我簡單地總結：「你被那年輕人吸引，是因為你和他在情緒上產生了連結。你很想和約拿有那樣的連結，於是你對於無法得到那樣的連結感到絕望。若得不到，你就無法成就生命中最大的目標之一。那是大事。毫無疑問地你會開始指控約拿被公司的年輕女性所吸引。」她點頭表示同意。約拿傾身向前說：「為了公平起見，我得承認自己確是被她們所吸引，雖然我絕對不會有下一步的動作。她們兩個都很好相

處，莎拉和我年輕時也是如此，我很想念那種感覺。現在每件事都是大事，因為我們總得考慮金錢和事業，還有每件小事的後果。」當他這麼說時，我注意到莎拉的臉上有種新的關注，這就是她希望的溝通方式。當他發自內心和她說話時，他變回了她當初想嫁的那個人，邀請她進入夢想可能會實現的地方。

在幫助他人解決爭端的許多經驗中我學到幾件事。在多數衝突的表面之下，你會發現發動戰事的兩端，事實上都感受到同樣的深度情緒。兩人可能因為憤怒而幾週不相往來，而當他們從問題的混亂表面深入底層時，會發現真正的問題是因為雙方對於彼此潛藏在心裡的某種東西感到傷心。他們都過於防備於是給予對方錯誤的資訊，而未花一絲心思來觸及真正的問題核心。莎拉和約拿就是活生生的案例。只要人們開始溝通深層的感覺，重生的契機就已然降生在他們的婚姻關係中。現在他們就像同盟國而不像敵國那樣溝通，而當人開始這樣做時，真實的生命奇蹟也就變成可能。

接下來的幾次會談中，我們努力讓所有的深層感覺浮出

檯面，有悲傷，也有許多共同的恐懼。他們害怕人生會從身邊溜走，被那些花在事業、應酬客戶、設計籌建夢想房屋，和其他耗時的重大生命事件上的冗長時間所生吞活剝，消磨殆盡。

走向整體性的第一步：掀開你的故事

本章一開始，我提到完整其實是有關整體性和完整性。當我們做了什麼使自己不再周全或離群孤立，就產生了不完整。想找出這些不完整的缺口並重建其整體性，要能熟練下面這些問題：

我在何處感覺到自己的不完整？

是什麼讓我始終無法感覺到完整和完全？

我感知不到什麼重要的感覺？

在人生中，何處我無法完全坦白？

在人生中，何處我無法信守承諾？

　　在我與 ＿＿＿＿＿＿＿＿＿ 的關係中，我需要說什麼或做什麼，來感覺到完整和完全？

　　這類問題會把你從長久以來陷在其中的有限故事裡拉出來。幾乎所有人都有個無法發揮天賦的故事；但當我們待在故事中時，很難知道那只是一個故事而已。那些故事為什麼會看起來那麼真實（很難理解它們「只是故事而已」），因為它們早在我們出生以前就流傳了。我們生在故事中，因而使我們遠離了自己的天賦。就像魚並未意識到自己在水中游泳，我們也在這些故事中成長。

　　例如某個家庭的故事，可能訴說著天賦造成了不負責任。有個老喬治叔叔（Uncle George）把太太和七個小孩丟下，出發去富士（Fiji）荒野中尋找他的天賦。除了留下一張他和原住民舞蹈團合照時笑得像個傻瓜的逗趣相片以外，他就從此人間蒸發了。在別的家庭中，這樣的故事可能在訴說天賦造成瘋狂。有個老塞西莉姑媽（Cecily），她從一九二七年起躲回房間裡寫詩，此後四十年只聽得到那裡傳出來咯

咯笑和嚎叫的聲音。而在其他家庭裡，這個故事則可能會被寫成天賦造成貧困和衰老。弗瑞迪表哥（Cousin Freddie）花了一生的時間在改良製造蘇打水的引擎，卻被迫在年邁時還要當送報生來養活自己。為了保護家族成員不致離開不才地帶、有才地帶和真才地帶而流浪到太遠的地方，這些故事代代流傳。

不管你的故事是什麼，首要任務就是找到它，找出你之所以不應該接近天才的家庭故事。當你找到它後，下一個任務即是不再對它迷戀。別因為迷戀它而譴責自己；這是你與生俱來的本能，任何人都無不同。只要更加迷戀「大躍跳」到「天才地帶」的故事就好。漸漸地，這種對於天賦的新迷戀，就會慢慢取代你對於舊預設故事不自覺的迷戀。

態度

希望你不會覺得被此任務的複雜度壓制在地。若果如此，要記住它指的是你所做的具體事物，沒有任何一件真得

花你很多時間。例如，你只需花十秒鐘來找出及承認身體裡的感覺，諸如悲傷或恐懼。你只需花幾秒鐘來告訴另一個人一個具體的事實，來重建兩人關係的完整性，而這關係已有數年令人感覺不完整了。當你習慣於這些發現，你會因為採取好奇的態度來取代指責謾罵而獲益良多。換句話說，輕鬆愉快地注意你的「上限」行為，會比你因為所有小事而批判自己進步得更快。當我對自己的錯誤和缺點保有興高采烈的好奇心和熱烈的興致，我發現它們會比我為此折磨自己而更快地溶解及轉化。

若你願意用比較輕鬆戲謔的態度來看待自己的人和缺點，那麼你會有飛快的進步。咯咯笑總比愁容滿面要容易得多，而且笑聲對於你身邊的人來說更有樂趣。此處就有個好例子可以解釋興高采烈的好奇心：在某個針對經營管理者的高階團體中，有些成員開始把「上限問題」簡稱為ULP，他們把它念成「嘎啵（Gulp）」。其中一個成員說，他記得漫畫書中某角色在遭遇意料外的狀況時會說「嘎啵」！「嘎啵」的流行很快就蔓延了。很快就有人說出像「我今天有個

嘎啵」和「今天下午我逮到自己正在嘎啵」的說法。

我鼓勵你用這種輕鬆戲謔的態度來面對你所有的「嘎啵」，這種好玩好奇的態度即是人活躍於「天才地帶」的特質。為了激勵自己，我在辦公室牆上掛了一張愛因斯坦（Albert Einstein）的簽名照。那是幾年前太太送給我的生日禮物，它是我最寶貴的資產之一。愛因斯坦眼中流露出來的好奇心，提醒我要不斷尋找生命中最深沉的真相，而且要帶著玩耍的心情，而不是帶著工作的壓力來尋找。

以下是我對日常行動步驟的建議，這些具體的行動會讓你找到正確路徑，並且用最快的速度活在「天才地帶」中。

決心在得知「上限」行為時要維持好奇和好玩的態度，盡可能常常在心中默念以下句子，它表達了我要你體現的態度：我決心找出我的「上限」行為，並因得知它們的存在而開心。帶著好奇和愉悅的心，會比帶著批判的態度得知更多。

條列你的「上限」行為。以下是最常見的幾個：

●擔憂

● 指責和批判

●生病或受傷

●爭吵

●隱藏重大感覺

●不誠信

●不對相關人說出重大事實（比方你在氣約翰，他就是
　你要說出事實的相關人。沒有必要告訴弗瑞德你在生
　約翰的氣。）

●轉移（對讚美置之不理就是個轉移的好例子。）

　　當你注意到自己正在做「上限」清單上的事時，例如擔
憂或未能傳遞真相，轉移你的注意力到真正的問題上：亦即
擴展你對財富、愛和成功的能耐。

　　清楚地讓自己更大方地接受財富、愛和成功。要竭盡全
力，用盡資源，而不僅是心領神會。例如，在你的胸中或心
裡感受更多的愛。盡情享受成功和財富帶來的身體感覺和心

滿意足。

　　訴說你在「天才地帶」探險的新故事。找出一則新的神話，或創造一則屬於自己的神話，描繪你在潛力得到完全發揮的狀況之下，如何盡情享受生命。

　　在下個章節，我們會探討如何活在你的新故事中，你會知道如何超越那些限制潛能的所有恐懼和魔咒；你會學會如何為自己建立新基石，一塊讓你可以在「天才地帶」成長茁壯的強壯基石。

4

在天才地帶建造新天地

時時時刻展現天賦

在本章中你會發現以下兩大問題的答案：

我的天賦是什麼？

如何善用天賦來利己利人？

凡勇於發現及發揮天賦者，即可創造無與倫比的高度產值和生命豐足。

發現「天才地帶」即是人生中的「大躍跳」。到目前為止，每件事都只是小彈跳，並非大躍跳。小彈跳雖然看起來安全，但實際上卻有損健康。如把自己局限在小彈跳裡，等於冒險地把自己從裡到外都荒廢掉。我深知此理。人生過半後，我發現自己正在荒廢人生。那時我在「真才地帶」不斷地小彈跳，卻猛然從內心深處感受到一種愚鈍遲緩之感。一開始我並未體會到那是什麼，直到我開始認真面對它時，才知道它已經存在幾個月，甚至幾年了。

當時我的人生已進入某個境界，在其中我幾乎閉著眼睛就可以做到那些帶來成功的所有事——包括寫書、演講、輔

導經營管理者、指導專題討論。我一直不斷地重複做那些事，金錢也不斷地湧入。很快地，我有了員工、辦公大樓、三間房子還有支援部隊要餵養。大爆發的那天，一切就像近在眼前。

那天我下飛機後覺得累垮了，因為連續辦了很多場演講和專題討論——二十一天中去了十九個城市。在回家的路上我順路去了辦公室，結果發現會計和行政主管的面色鐵青。他們說稅金到期了，但因為現金流量不足，所以必須向我借十二萬美元來繳稅金。我的感覺就像是一個獵人帶著野豬回來參與營火盛會，期待被熱情的歡迎和一頓熱騰騰的晚餐，結果卻只是被告知還少了幾頭野牛。我逃回家，沮喪而惱怒，卻又發現車庫門的開關壞了。我把車丟在車道上，頹喪地走去拿信。首先拿出來的是一個大信封，上面鮮豔地印著標題：「恭喜您進入五十歲！內附您專屬的免費AARP樂齡卡！」我停下來消化此重要時刻，此即我開始意會到深深內藏的愚鈍遲緩之時。

一開始我擔心這或許是一種病癥，所以尋求澈底的醫療

診斷。結果我發現除了因為吃太好而多出二十磅以外，自己正處在最佳的健康狀態；而那多出來的二十磅也是太多待遇優厚的餐後演講造成的回報。發現自己處於良好的健康狀態，表示我必須更深切地審視自己。如此，我找到了荒廢的源頭，而此發現改變了我的人生。這個源頭就隱藏在眾目睽睽之下：即我熟知的「上限問題」。雖然理智上早已深知此問題，但我卻因在「真才地帶」安逸慣了而麻木不仁，也因此事實上上限問題已經偷偷摸摸地找上門了而我卻不自知。不自覺地，我在「真才地帶」過於安逸而習以為常，因而疏忽了「天才地帶」的召喚。幸運的是，我及時接到了訊息。我希望你也能如此。

對於「上限問題」的訊號，我們都需要時時警戒，不可一日或忘，因為我們隨時都得提高自己的標準，好還要更好。某部分的我們非常想要安居在「天才地帶」，然而與此同時，我們卻被外力澈底束縛。身邊的人希望我們待在「真才地帶」。我們在「真才地帶」深獲信賴。

那時我剛結束會議，與會者包括兩位異性的哈佛MBA。

取得MBA是重大成就：需要心志、才華和努力。然而，這僅是個小彈跳，並非大躍跳。你我或許認識許多才華洋溢、專心致志且戮力成功的人，他們努力通過許多艱難的考驗，例如取得MBA。你我也知道這些人並未「大躍跳」到「天才地帶」。若想深入探討此現象，只消參加同學會即可。

不久前我和一群同樣在七〇年代取得史丹佛博士的人聚會。由於此心理輔導計畫即是為此領域的領導人設計，因此參與者多數都是大學教授或私人開業的心理醫師。我們聚會慶祝某位教授甫自長期經營而收穫豐碩的事業中退休，聚會相當歡樂，充滿了友善氣息、溫暖回憶，還有無限暢飲的酒吧。但在幾輪觥籌交錯以後，更深處的感覺開始充塞了聚會。歡樂的傍晚變了調，從一時的發酸演變成整晚的怨聲載道。

在擠了大約五十人的空間裡，似乎只有我們六人真正對生活方式感到快樂。教授們抱怨遲滯的官僚系統和行政體系無法支援他們的研究；他們抱怨少得可憐的薪水和系所停車位。他們的論點是：「若不是為了＿＿＿＿＿＿＿，我就能

做我真正想做的事了。」私營的心理醫師也有自己的抱怨：慢得要命的健保給付，還有永遠寫不完的書面資料。心理醫師賺得比教授多，所以他們的抱怨有更多是關於財務狀況。他們苦澀地談及貪婪的前妻、高額的贍養費、冗長的工時、不知好歹的案主、筋疲力盡和燃燒殆盡的自己。他們的論點是：「若不是為了＿＿＿＿＿＿＿＿，我就能做我真正想做的事了。」

　　我印象特別深刻的是，教授們羨慕私人院所的心理醫師，而心理醫師則反過來羨慕教授。從教授的觀點，心理醫師擁有高收入、豪華辦公室，而且不必參加系務會議；但對心理醫師來說，教授做的才是輕鬆工作：有穩定收入、免費辦公空間、短工時，還有很多時間可以寫作。

　　整個傍晚，我聽著一個又一個希望受挫的故事。最後我看出真正的問題而內心震撼不已：這些抱怨沒有半個是真的針對討厭的豬頭官僚、不足的停車位、不知好歹的案主，或類似的事物。換句話說，這些優秀善良的人沒有半個是因為他們自認的理由而沮喪。他們的抱怨全然都是未能「大躍

跳」的癥狀！依此觀點而言，每個故事都有不同的意義，我開始針對每個個別的故事來問不同的問題。

聽過某個抱怨後，我問：「若外部因素諸如金錢或保險或官僚等等都不是問題，那麼你真正想做什麼？」從每個人告訴我的答案，我得到了很多資訊。首先，幾乎每個人都可以清楚告訴我他們想做什麼。他們的答案包括了：

● 我希望能有時間寫我一直想寫的書。
● 我希望錄製影片來宣傳我的技術，使其更廣為人知。
● 我希望對世界更有影響力。

但最讓我在意的是在這些陳述後面的語氣。每次，說話者的臉上都會帶著種某種表情，充滿了帶著希望或罩著絕望的渴望。渴望是一種自認不易得到某事物，或判斷無法取得某事物的反覆不斷、徘徊不去的感覺。若認為還有些許可能，渴望就會帶著希望；若認為它遙不可及，渴望就會沉到

谷底。渴望就是我在所有對話中聽到的東西。

當晚我還學到另一件事。大多數人對於他們無法「大躍跳」都有一段精心雕琢、理由充分的故事。首先它有關家庭：「我不可能把時間花在寫書（錄製影片等等）上面，因為家人需要我。」或是有關壓力：「我試著五點起床寫書，但若六、七點有心理輔導個案，我就沒辦法寫了，也沒辦法好好進行心理輔導。」再者則純粹是有關金錢：「我沒辦法做自己真正想做的事，因為如此我可能就沒辦法賺這麼多錢了。」

聽著這些故事，其中偶有真正的恐懼油然而生。在每個抱怨之下都有巨大的恐懼：「大躍跳」到「天才地帶」或許會失敗。若我敞開心胸迎接真正的天賦卻發現天賦不夠好，那時該怎麼辦？索性把天賦鎖在罐子裡，然後繼續在「真才地帶」漫遊。如此，毋需冒險「大躍跳」，然後發現它根本不夠好。如此，不用冒險發現我根本沒有「天才地帶」的醜陋可能。

除非你非常幸運或非常明智，否則你可能就會聽到那些

抱怨的聲音，感覺到你心裡那些揮之不去的恐懼。它們也是必要的部分，我不會勸告你要擺脫它們，你也不應該試圖勸說自己脫離它們。只要注意這些聲音，還有感覺這些恐懼即可，不需要擺脫它們。說到底，它們會怎麼發展呢？你只需要承認它們的存在、向它們揮揮手，讓它們知道你意識到其存在即可。然後，讓自己忙於學習活在「天才地帶」。

天才的決心

　　就和我同步邁開新的步伐錨定在「天才地帶」吧。回想第一章開頭問的問題。現在我要再問你一個新的問題，加速你的「大躍跳」。

　　現在，「大躍跳」到你的「天才地帶」。在那裡讓人非常愉悅——有種持續不斷、意味深長的愉悅之感——沒有什麼可以比擬。在「天才地帶」，你不覺得自己在工作。即使你花在那兒的時間會創造豐收的財富，你也不覺得你花了多少精力來產出這樣的成果。在「天才地帶」，工作感覺不像

工作。

在「天才地帶」，對於時間的感受完全不同。時間彷彿變多了，多得讓你可以做自己想做的所有活動。你會在第六章學到更多這種不尋常的奇蹟，「活在愛因斯坦時間中」。現在，你只要知道，在「天才地帶」時間不會飛逝──它只會慢慢的流過。

如何？願意下定決心時時待在「天才地帶」了嗎？如此，我保證你會經歷所有真實的生命奇蹟。

在協助他人發現自己的天賦時，我發現基本的要件是要有待在「天才地帶」的決心。先下定決心，然後就能做到。我腦海中浮現印第安那‧瓊斯（Indiana Jones）電影中的景象，在畫面中印第（暱稱）鐵了心要踏進雲霧中，而後他的腳下就神奇地出現一座橋。有了決心，就會強而有力地為你帶來活在「天才地帶」的必要方法。只要真心實意地──發誓你確將待在「天才地帶」──不論在途中遭遇多少曲折或轉彎，你的旅程中都會充滿不尋常的好運。決心擁有無限的魔力。

　　此時此刻就下定決心吧。在你和天地之間做個私人的交易，正式宣告你要活在「天才地帶」。

　　以下是我解決他人問題時用的句子：

　　從此刻到永遠，我決心要活在「天才地帶」。

　　輕聲地複述幾次，注意自己感覺如何。然後再大聲念誦幾次，仔細體會這句話的字眼和音頻。當你準備好要正式地下定決心，就像和天地之間簽下契約的樣子，真心誠意地說出這個句子。

天才的問句

　　真誠決心就是你進入「天才地帶」的入口大門。既然你已踏進未知，你腳下的橋就顯現出來了。連接「天才地帶」的這座橋，即是以下的幾個問句。事實上，問問題並不完全能夠掌握使用這些問題的精髓，還需要對它們產生好奇。這

些問題都是為了挖掘出隱藏在你內心深處的珍寶而設計。好奇心能將這些珍寶攤在陽光下。對某事物好奇，就是帶著開放的心智和心胸來探索萬事萬物。好奇的定義是「驚奇絕妙」。所以，對於萬事萬物好奇，就得相信你會得到令人驚異和絕妙的發現。

天才問句一

以下是第一個天才問句：

我最愛做什麼？（我非常愛做這件事，不論做了多長的時間都不會感到厭煩或無聊。）

當我開始了解自己的天賦如何發揮作用，以及如何立基於「天才地帶」，我花了很多時間思考如何分辨天賦和真才。最後我找到一個重大關鍵：天賦和我最愛的事息息相關。這也就是我之所以要你想想自己最愛做什麼的原因。

　　自我質疑一個多禮拜以後，我終於清楚自己最愛做的事，就是把大的、重要的、改變生命的概念，轉譯成一般人可以用的、小的、實務的東西。也就是那類憑空逸出，或直接從天而降的那些實用且能改變生命的工具。我從來沒辦法真正明白是我自己孵化或開展了那些概念，還是我打開了大門讓資訊從另一個空間進入我的大腦。或許這並不真的重要，只要最後產出了有用的結果就足夠了。

　　凱瑟琳和我曾輔導兩位在合作的顧問事業中歷經艱辛的女性。她們各別在自己的事業上都很成功，因此決定合併兩人的事業來增加營收，減少成本。但就增加營收來說，她們的合作並沒有帶來預期的成果，因此她們前來尋求諮詢顧問，想了解是什麼原因拖垮她們。與其試著釐清費用、營收和其他營運相關的事項該怎麼處理，我們只關注愛。我們問：「在你們的事業中，你們最愛做的是什麼？」她們的答案揭曉了問題和解決方案。朗達（Rhonda）和辛西雅（Cynthia）兩人都切中要害，她們想合作而不獨力經營的理由是，雙方都熱愛她們在事業中強調的那種玩耍的精神。在

個別的諮商實務中，兩人都因為在討論預算和目標設定時，帶著玩樂的感覺來處理僵化愚鈍的企業專題研討而知名。她們了解，若可整合雙方的事業，就可加乘兩者的玩樂精神，給彼此帶來更多的成功。聽到這裡，我們花了幾分鐘來檢視她們的官網和華麗、色彩繽紛的企業簡介。只須一瞥就可清楚看出裡面少了什麼元素。「在這些材料中你們的玩樂精神在哪裡？」官網和簡介都做得很漂亮，看起來也很專業，但裡面少了任何玩樂的趣味面向，即使在任務的說明中都寫著僵硬的企業教條。朗達和辛西雅突然頓悟，在變得更「企業化」和專業化時，她們揚棄了關鍵價值。把玩樂抽出她們的事業核心，造成整體運作的失靈，此即反映在她們的業務困境上。我們建議修改官網和企業簡介，把她們的玩樂精神放進去。若不再感受到這種精神，那麼就暫且停下，直到找回這種玩樂的感覺再繼續。之後聽說她們把玩樂放回去它們原有的世界後，她們的事業就健康地翻轉向上了。

　　所以，問問自己最愛做的是什麼，就能走進你的「天才地帶」外圍。要不斷地問，直到你的體內對它產生出清楚堅

定的感覺。你現在還不需要清晰或具體地理解它的存在，你只需要感覺到它在你的內心世界閃動著微微的光即可。

天才問句二

現在把「我最愛的」說法更具體化。以下即是你應細細衡量的第二個天才問句。

什麼工作我做來不覺得像在工作？（我可以做整天而不會覺得厭煩或無聊。）

問自己這個問題時，你會找出工作中極重要的核心。當你在做這件特定的事時（不會因經營企業的壓力或惱火的事而負擔沉重），你處在最快樂的境地。做的時候，你會認為：「這就是我之所以做這件工作的原因。」

鮑勃（Bob）是個五十多歲的經理人，在大公司中扶搖直上。他在晉升為CEO的幾個月後找上了我。他來找我是因

為：「自從我接下這個職務後，我就沒睡過一天好覺。事情不對勁，但我找不出問題出在哪裡。」因此我飛去芝加哥，看看是否能夠找出困擾他的原因。天才問句二得出了答案。當我問他工作中有什麼面向讓他不覺得像在工作，他告訴我最愛在公司晃來晃去和其他高階主管聊個十秒鐘或五分鐘，聊聊他們在想些什麼。他說在這些輕鬆的談話中，能比在正式會議中得到更多資訊。突然之間靈光閃了。他說：「你知道嗎，我被提升為CEO之後就沒這麼做過了。」他的理由部分很合理：他現在待在獨立的大辦公室中，和他以前「閒晃」的地方隔開了；他也被一堆要花大部分時間來裝進腦子裡的新數據給淹沒了。他決定要再開始閒晃，甚至即使我在那兒他也照樣晃個一個小時。當晚我飛回家，隔天聽說他終於一夜好眠。

若你類似多數的我們，就會因為寶貴的時間都被每天不能不做的瑣事吃掉，而感覺傷心或惱怒。越成功，越會為了這種有損幸福的不自然催趕而感到壓力。我相信這種加劇的壓力就是「天才地帶」的召喚。我曾見過當人們敞開心胸來

探知自己真正的天賦可能何在時，壓力即以驚人的速度消失無蹤了。如你感覺到任何那種壓力，代表你已找到正確方向了，我很高興你做到了。

天才問句三

以下是第三個問句，希望你在此廣闊天地間盡情歡樂，身心契合：

在我的工作中，何事花費的時間能產出最大值的財富和滿足？（即使我只花了十秒鐘或幾分鐘，光一個點子或一個深入溝通就帶來了巨大的產值。）

問此問句，我發現自己部分的天賦是腦中自由發揮的許多點子。我能夠讓點子亂竄和轉變，不作批判或譴責，直到點子變成有用的創意。我曾花了好幾年孵育、培養一個點子，才終於讓它瓜熟蒂落；也曾花了幾秒鐘就體驗到我的自

由心智變成了幾百萬美元的營收。我從不確知它會得到什麼結果，也不確知它是否會產生任何結果。這即是其中令人興奮之處——無法預知——而也可能就是這個無法預知成為成功之鑰。

我常常聽到高階經理人滿腹委屈地抱怨說：「若我可以坐在辦公室裡，花一個小時來思考而不被打擾，我就能夠產出驚人的成果。」我早已不再這樣抱怨了（雖然我過去也相當常這麼說）。這些年來，我每天至少花一個小時沉思，讓思緒恣意馳騁。每天撥點時間這樣做，可以切實執行我最優先的工作之一。

你得到的答案或許完全不同，但這樣做確有其必要性，必可帶來豐碩成果。或許這與你的幕僚或客戶會有某種關聯，也或許你只需要拿起電話和某個關鍵人物講某些特定的話。不論何者，你都要找出來，把它列入每天的最優先清單之中。以我自己為例，我發現這麼做非常有助於規劃我的每日行程。今晨，以及過去幾十年來的早晨，我都會坐下來花半個小時思考，放縱我的思緒。在我開始處理任何「辦公

室」事務，如電子郵件、書寫或專案計畫以前，我都這麼做。對我來說，任何最優先的事，亦即絕對要先做的事。

設定優先順序和切實執行需要某種程度的堅忍決絕。例如，幾年前我輔導過南茜（Nancy），她對於寫推理小說有種燃燒般的欲望。她有丈夫和三個小孩，還參與教會和社區活動。南茜已出版過一本賣座小說，好到出版社希望她繼續寫；但又不夠好到讓她請得起清潔婦或助理。在我們的第一次也是唯一的一次會談中，我請南茜描述她一天的時間安排。她說，送小孩和丈夫出門以後，她開始整理家務，接著處理基本事務如付帳單和列購物清單。然後，「如還有餘力，我會坐下來寫個一、兩個小時。若沒有，我會小睡一下，然後在小孩回來以前試著寫一個小時左右。」

我依據南茜的每日行程，摘要了她的優先順序。「你的家人是你的最優先，對嗎？」她說是。「妳的次優先是家務和瑣事，然後第三優先是寫作。」

「不！」她大叫：「寫作比家務或那類的事優先太多了。」我指出，若此事屬實，那麼她就會在做那類事之前先

寫作。她的回答是解決這整件事的關鍵。她說：「但我沒辦法在亂糟糟的房子和雜七雜八的雜務堆裡坐下來寫作。」

「妳當然可以，」我說：「妳只是認為妳必須先把其他的事做完。妳去哪裡找來這樣的想法？」她說：「但我丈夫下班回來發現滿屋子髒亂，而我還坐在那兒寫作，他會怎麼想？」

「他會發現一個把創意表現放在整理家務前面的太太。妳認為他會因此生氣嗎？」「也不真是如此，」她說：「我想他事實上會喜歡。」我們越繼續往下談，越清楚她因為「上限」的理由而把自己囚禁在家務中。南茜下意識地架構了一種審判情節，亦即一路往前走到「天才地帶」會帶來什麼後果的情境。在她的想像中，她若全神貫注在寫作上，就會疏忽家人，而他們也會因為她的疏於注意而凋萎。南茜開始看出這種想法的荒謬，她也發現隱藏其下的真正恐懼：如她下定大大的決心來創作，那麼她可能遭遇更大的失敗。若她維持在小小的條件之下，那麼她就能避免大挫敗的可能性。

　　我們在這次會談中還發現了另一個重要的巨大區塊。南茜她對於凌駕於姊妹之上有很大的恐懼。她有三個姊妹，在她的第一本小說出版後，她從姊妹們那裡接收到不同的回應。其中之一非常興奮，也非常支持她；但另外兩個姊妹則顯露出忌妒心和競爭心。因此，她下意識地在她的創意表現上踩煞車，讓自己被家務和其他日常生活的壓力消耗掉，希望可以藉此消除姊妹關係中的緊張。

　　我向南茜提出另一種可能性：不要用綑綁自己來解決姊妹的忌妒；要直直往前走，用力激勵她們。妳沒辦法處理她們的感覺，那是她們自己的事。也許妳光是買一臺新的冰箱，她們都會同樣忌妒，所以妳應該繼續寫，再寫出幾本最熱銷的書。如此一來，她們會忌妒更值得忌妒的事；但或許她們也會因此而正面積極地受到激勵，而去做那些對她們自己的人生重要的事。

　　在我們結束會談時，我給她的功課是：用一個禮拜，在做任何家務之前坐下來寫作。我告訴她：「送丈夫和小孩出門後，逼自己起身去寫個一、兩個小時。打破原本的樣態。

個娃娃裡面還有一個更小的娃娃。如同俄羅斯娃娃，你的獨有能力就像藏在一個又一個技能裡面的技能。我的意思是：你的獨有能力通常藏在你擁有的較大技能的裡面，你可能甚至未能意會到你的獨有能力，就是驅策你用較大技能來得到成功的那個技能。

我直到三十歲才意識到自己的獨有能力。但我一路以來都一直在用它，它就像水之於魚：太理所當然到看不出它有多明顯，它不但可以清楚描述出來，還可以精益求精，更上一層樓。我只知道我擁有一個幫助他人解決問題的技能。我到二十四歲才正式訓練我的輔導技巧，但根據我的家族史，我早期就有這樣的傾向。學齡前，我在外祖父的客廳設立了一個瓦楞紙箱的「辦公室」，我告訴家人自己的工作是協助他人解決問題。根據家族流傳的故事，很顯然我並不處理醫療問題，因為那些問題交給普通的醫師即可。我告訴他們我擅長處理屋子裡面的問題。由於我生長在一個南方的小鎮，沒有心理醫師、心理學家和這類的心理專家，對於如何得到這個想法我毫無所悉。（此處應該也要提及我在諮商領域的

首次出擊，它是個澈底的挫敗：家族成員中沒有半個要用我的服務。回顧過去，我能體諒他們何以沒信心找一個穿著短褲和騎著三輪車的諮商師來做諮詢顧問。）

在我用外層較大的技巧來幫助他人解決問題時，隱藏在內的獨有能力就顯現出來了。最能清楚描述此狀況的方式是，我能用某種方式與人相處，激發他們想出自己從未想過的創意解法。我能創造一個空間，讓自己或找我諮詢的人產出創新的解法。我現在就能感受到這種能力，它是一種尊重創造過程的感覺，結合了一種不帶有判斷的傾聽，而讓新的東西得以滋生。我可以很有耐心地等它帶來新的解法，可能是因為不論多久我都願意等待，所以通常並不會花很長時間。

以下舉個真實的案例，說明這種能力怎麼作用。我曾輔導過一家五百大企業的兩位高階經理人，他們為了是否要在南美洲籌建新工廠而意見不合。我去諮商時，兩人已經不和兩個禮拜了。他們的衝突已經變成不理性的情緒反應，導致其他經理人也感到動盪不安。我問的第一件事是，他們是否

願意從我們的對話中得到創新的解法，不管會花兩分鐘或兩天；他們說願意。所以我問的第二個問題是：「你們覺得這裡到底怎麼了？」這個問題讓他們感到困惑。我解釋：任何一個衝突若像他們這樣持續這麼久，幾乎總是涉及了其他因素，而那個因素才是真正造成問題的原因。他們說了解，但不知道那可能是什麼。

這時我的獨有能力上場了。我說：「那麼我們就等等聽聽吧，或許就會有什麼跑出來。」我們默默地坐了十秒鐘，然後二十秒鐘。他們其中之一發出了咳嗽的聲音；然後，沉默再次占據了二十秒鐘左右。最後大老闆說話了：「我覺得我失去了對公司的控制。如果我們在南美洲建了工廠，就相當於和我們創建的公司說再見了。我是個工程師，我喜歡在研發單位走動，隨時和工程師閒聊。」二老闆就坐在那兒，看起來很震驚。「是啊，」大老闆接著說：「我以前常能站在停車場看著整個公司。我喜歡這種感覺，感覺上很有系統。現在我們成長得太快，快到我常在大廳裡看到我根本沒見過的員工。這很可怕。」

　　最後，二老闆說：「我懂了。我沒了解到你到底怎麼了。你以前怎麼不告訴我呢？」大老闆舉起手來無奈地說：「我自己也剛剛才發現。」幾分鐘後他們得到了一個創新的解法：照原定計畫在南美洲蓋新廠，但當地所需的研發功能則需擴大並設置在現有的總公司中。以此方式，大老闆可以繼續他對工程師的走動式管理，也能在家鄉擁有企業中他鍾愛的部分。

　　在事業的經營上，尤其最近，你承擔不起這樣的衝突拖延太久。衝突就是成本；它們耽誤了重要的決策，讓快速上市陷入慢慢滴答的泥沼中無法脫身。兩位高階經理人之間的衝突之所以延續不停，原因之一就是因為他們並沒有開放兩人之間的某種深度交流空間。因此，一旦空間出現了，問題很快就解決了。建新廠變成企業決策，而不是情緒問題。

　　我在撰寫本章節時，一件意外的事件發生了。我聽到十歲和十二歲的兩個孫女伊莫珍（Imogen）和艾爾西（Elsie）和朋友在游泳池玩耍的聲音，當時凱瑟琳就在旁邊注意他們的動靜。對我來說，小孩玩耍的聲音是生命中最甜美的聲音

之一；從後院傳來的尖叫聲聽起來是那麼開心，所以我離開靜默的小窩，走去後院工作，這樣我可以比較靠近他們。

沒多久小女孩們游到游泳池邊，問我在做什麼。我告訴他們我在寫一本關於「上限問題」的書。艾爾西和伊莫珍點點頭（上限問題已成了她們的生活日常詞彙之一）。艾爾西的朋友漢娜（Hannah）問：「那是什麼？」這給了我機會去聽聽一個十二歲的小女孩怎麼向另一個同齡的小女孩解釋。艾爾西想都沒想就說：「如果你不知道你可以覺得很好和玩得很開心，那麼當一切都進行得很順利時，你就會做些什麼來把它搞砸。」我快速地打字，努力記住每個字眼。漢娜要她舉例，艾爾西想了一會兒，正好讓我的手指頭來得及追上她們的速度。最後她說：「你記得上禮拜我們下課玩躲避球時，法蘭克（Frankie）闖進來然後把球踢出圍籬？」漢娜點點頭：「他總是這樣做。」「欸，」艾爾西說：「這就是『上限問題』。他就只是不知道要怎麼隨時玩得很痛快。」先不管我身為祖父的驕傲，我認為那對於「上限問題」是個相當好的定義。

就在討論進行得如火如荼時，我告訴她們正寫到關於獨有能力的部分。我問她們：「妳認為自己的獨有能力是什麼？」我解釋獨有能力是一種特別的天賦，是某種你真的很行又對周邊的人很有幫助的能力。就當我還在想別種方式來解釋時，艾爾西插嘴說：「就像超能力，對嗎？」她引用一部電影，裡面有四個英雄，每個英雄都各自擁有一種超能力可用來幫助對抗邪惡勢力。伊莫珍馬上懂了：「是啊，就像超能力，只是它是真的！」我自己都想不到更好的方式來描述了。

我問小女孩們：「你的真正超能力是什麼？」艾爾西馬上說：「我可以感覺到別人的感受。」

我欣然同意。幾乎就在她出生以後，我總發現她是我所知最敏感、最能理解人的人。或許是受到艾爾西的影響，另外兩個小女孩也說具有類似的超能力。伊莫珍說她的獨有能力是看得出人在生氣，但卻假裝不生氣的樣子。漢娜則說她的能力是能夠分辨兩人是否彼此喜歡。回想起國中時的人生場景，我告訴她們我認為那些技能都會派上用場。

現在，回到你自己的獨有能力上，我希望你能夠清晰而明確地說出自己的天賦。為此，我設計了一個協助人啟發天賦的活動。

明確清晰地說出你的獨有能力

有個方法可以讓你更了解你與生俱來的天賦。回想前面我們提過的俄羅斯娃娃，先聚焦在最外層的娃娃，亦即包藏你天賦的外層較大技能。安（Anne）是矽谷（Silicon Valley）企管顧問公司的四十歲CEO，問及她的獨有能力時，她說：「開會。」這是她的俄羅斯娃娃最外層。現在我們再往內深究。我問：「開會時，在最好狀態之下你會做什麼？」

她想了一會兒，然後說：「我會知道何時該打斷討論，以及如何打斷討論然後繼續下個議題。」她的回答比較細了，但仍然不是技能的精髓。我再問：「你如何知道何時該這麼做？」她停下來深思了許久，然後說：「我以前從未想

過這個，但那就像一股能量進到會議室和我體內。我會感覺到有什麼東西在會議室裡流動，那時我就知道該進入下個議題了。」在討論這項較微妙的技能時，她的臉上開始出現光彩。如此即可看出人們導向他們的獨有能力了，他們的臉上會出現一種奇異而全神貫注的感覺。「現在我想到了，」她說：「我想起從小就能如此。每次父母吵架時，我都能藉此躲開他們。」她說自己成長在一個相當混亂的家庭，父親酗酒而母親怨恨自己必須因而扛更重的責任。

　　多數人初次使用獨有能力都是用在走出童年陷入的困境。反思你的獨有能力，你或許會發現它早就在生命中出現了。你或許根本不自覺地用了它來對付緊張的情況，並且還精益求精，枝繁葉茂。我的童年對於初階心理諮商師和高階培訓師來說，就是個理想的訓練場地。我的母親在丈夫驟逝後受憂鬱症所苦，我的童年幾乎都與外祖父母同住。他們非常疼愛我，但兩人之間的關係就又不同了。在我出現在他們生命中以前，兩人已經激戰了幾十年，不斷的吵架和偶爾緊張的停火就是他們的相處模式。當兩人之間的溝通完全熄火

時，我成了居間調停的人。因為我是他們之間唯一一致認同的元素，我處在一個獨特的地位，幫他們掩蓋裂痕，恢復對話。

安在類似的熱戰中熟練了她的獨有能力。我把她說的話摘要如下：「你能夠感覺某種能量在房間內和自己體內移動，而接收這個能量能讓你知道該怎麼做。」

「基本上是如此。」她說。我問她這種能力是否展現在其他的狀況下。「我不知道，」她說：「但這是個好問題，假設不論我在何處都能用上它，那麼我就總是能把自己最好的部分用在那個工作上。」

這也就是我想要你得到的回報。為此，我建議你拆解俄羅斯娃娃，直到找到那個包含獨有能力的娃娃。就從以下的基本問題開始：

當我＿＿＿＿＿＿＿＿＿＿＿＿＿＿＿＿＿時，我做得最好。

在心中默念這句話幾次，然後大聲念誦出來。找找看

你從中得到什麼，或許你會得到像「當我在筆記本上塗鴉時，我做得最好。」或「當我想辦法整合團隊時，我做得最好。」這樣的句子。就寫個普通的好句子，寫出你做什麼事時覺得自己做得最好。

　　只要能想出簡單清楚的陳述來說明你的最佳狀態，就可再更進一步，例如用如下的句子來特寫自己：

　　我做得最好時，我正在做＿＿＿＿＿＿＿＿＿＿＿＿

＿＿＿＿＿。

　　要描述更多細節，例如「當我在筆記本上塗鴉時，我正在亂塗亂畫和享受無中生有的感覺。」

　　然後說得再更明確些，例如：

　　當我在做那件事時，我最愛的是＿＿＿＿＿＿＿＿＿

＿＿＿＿＿＿＿＿＿＿＿＿＿＿。

例如，「當我在亂塗亂畫和無中生有時，我最愛的是不知道會發展到什麼地步。我愛這種驚喜，這種不知道會出現什麼的興奮感。」

當你感覺到一種奇妙和興奮之感由內而生時，你就能夠知道自己越來越接近獨有能力了。即使已目睹幾百人發掘了那種感覺，我也從來不因司空見慣而無動於衷。能夠在他們發現自己的內在時與他們同在，會真正地感覺到興奮和快活。或許因為這種過程和我自己的天賦有關，因此我能夠整天處在其中而不厭倦。這也是我對你的期待。

5

活在天才地帶

用極致成功咒滋養愛、財富和創造力

一旦脫離「上限問題」，就得學習活在「天才地帶」。剛開始就好比小心翼翼地走在鋼索上，等你知道如何在新環境中保持平衡後，就會變得越來越輕鬆了。所幸經過幾百人的青澀摸索之後，如今已有了捷徑，這些捷徑會省下你不少時間和麻煩。在本章中，我會告訴你如何加以應用。

跳脫框架，盤旋而上

我在教人活在「天才地帶」時常用這句話：跳脫框架，盤旋而上；亦即把「天才地帶」比喻成連續向上的螺旋梯，當你擁有更多能耐來得到更多的愛、財富和成功時，你就會走得越來越高。它是沒有上限的往上攀升之旅。相對的，我把較低的地帶視作受限的框架。例如「真才地帶」就是你知道如何操作得很好的空間，在那裡你不用很費勁就可以得到很好的成果。但它就是個框架，你會發現自己受限在其中，無法得到滿足。你重複地做同樣的事，當它餵養了周遭的人，卻餵不飽你自己時，你需要跳脫框架，如此才能在不斷

往上攀升的螺旋梯上嘗到生命中的自由甜美。要怎麼做呢，核心指導原則近在咫尺。

核心指導原則：極致成功咒

指引你往上走到螺旋梯高層和指引你在框架內移動的方式截然不同，需要全新的技法。本來要練好那些技法得花上好幾年的工夫，但隨著時間的推移，如今已有簡單的捷徑可以促使學習變得更有效率。第一個捷徑是建構你的內部操作系統，我稱之為「核心指導原則（Central Guiding Intention）」。「核心指導原則」是個後設程式，我希望你安裝在自身的根或程式源上，把它存放於其他基本的後設程式旁邊，例如「和地心引力有關（Relating to Gravity）」和「餓了就吃（Eating When Hungry）」等程式。有了「核心指導原則」，即可輕鬆地活在「天才地帶」。而活在「天才地帶」的「核心指導原則」，亦即是我所稱之的「極致成功咒（Ultimate Success Mantra）」。

在我展示「極致成功咒」之前，我先解釋咒語運作的關鍵事項。咒語是你在冥想時用來聚焦的聲音或想法。在某些咒語系統裡，咒語是來自古老語言，如梵文（Sanskrit）或希伯來文（Hebrew）的一個字或一個音；在其他系統中它則可能是個想法，例如「集中注意力在呼吸上」。我曾學過冥想的很多不同形式，不管它們是來自佛教、基督教、猶太教、回教或其他來源，咒語通常都是同樣的用法。集中注意力在咒語上，接著，當注意力開始分散時再把注意力轉回咒語上。不論何時，無論你的心智邀遊到過去或現在，咒語都能讓你回到原點，它的設計目的就是為了幫你回到當下。

例如，假使你用「唵（Om，註：印度教咒語）」當作咒語，那麼在心中輕聲默念「唵」幾次後，你的心就會開始自由馳騁。當你注意到心飛走了，此時就放下你的心思，回頭繼續默念「唵」。在佛教的修行裡，諸如禪和觀（Vipassana）的冥想，呼吸覺知就常被用來當作咒語。首先集中你的覺知在呼吸的感知上；然後，當你的注意力開始渙散，就緩緩地讓你的覺知回到呼吸上。

我曾參與冥想靜修之旅，當時每天冥想十四個小時。在我的每日作息中，每天早晨和傍晚我各花半個小時做深度虔誠的修行。在十四個小時的冥想中，或甚至只是半個小時，你的心會有數百次出走再回到咒語中。冥想的藝術就是任憑思緒馳騁之後再回到咒語的方式。具體而言，這種藝術是隨心漫遊再回到咒語，且這種漫遊並不辛苦或難受。在冥想的初始階段，當心思開始漫遊時，批判自己很常見，你會認為冥想是橫亙在咒語和隨心漫遊之間的阻礙。但在修行成熟時，你通常會了解到批判自己的隨心漫遊，其實也就是另一種思緒而已。你放下這種思緒，然後回到咒語上。慢慢地這種自我批判的習慣就會漸漸消失，而被自我接受的開朗心情所取代。

此即是我極力要你用極致成功咒或簡稱「極成咒」（USM）的關鍵。接下來我會解釋什麼是極成咒，然後正式指導你應用在生活中。了解更多細節後，要能讓你體驗到極成咒順暢而有效地融入生活中，最重要的就在於溫和而心胸開放地對待自己。記住這樣的想法，我們就能繼續往下談具

體的內容。

你的極致成功咒

極成咒是你用來進入「天才地帶」的綜合指南。它是進入意識和潛意識的指導原則，用來通知你所有的行動和決策。如你照指示來使用極成咒，你的人生就會漸漸地符合你的綜合意向。咒語如下：

我每天滋長財富、成功和愛，我也鼓勵身邊的人這樣做。

現在馬上開始實行極成咒，方法如下：在心中念誦幾次咒語，細細品味其中的綜合意念。接著在靜默的心中悄聲細說，讓它在你無邊無際的意識流裡自然地和振共鳴。

現在，體會它在你的口中如何共振。

首先大聲念誦幾次，聽聽這句話及其與意念的共感交

會。之後再依你的偏愛來潤飾修改。此刻，暫且就照這句話來說吧，就像試穿新鞋子的感覺。穿上普世成功咒（Universal Success Mantra）的新鞋子，然後在意識清楚的狀態下實驗性地走幾步。它是超過三十年、經過數千人打磨後的產品，所以我知道它已在廣大成功人士之間發生了奇妙的作用。然而，這並不保證你也能得到相同的共鳴，你只能依據自己的內心感受來試驗看看。

　　以下即是「極致成功咒」的即時作用，它在你的意識和潛意識中下了關鍵的指令，告訴你與其限縮或維持原狀，不如擴展三個關鍵領域：財富、愛和成功。極成咒直接反擊了很久以前就用來限縮或抑制你的「上限問題」，它為你累積數年形成的條件反射作用提供了解藥，用來解除你過去設定好在潛意識中認為自己配不上完全成功的安裝程式。若要溫和且無止盡地發動攻勢來對抗這種條件反射作用，極致成功咒是我所知最好的方法。

如何使用「極致成功咒」

我建議你以下面兩種具體方式來使用極成咒，包括：正式方式，當作冥想修行；或非正式方式，當作日常生活應用。極成咒非常強而有力，所以儘管只有少許，也能影響深遠。你不用在西藏租個洞窟或修行好幾年；你只需要偶爾把極成咒滑進你的意識流中，然後看看你的生命會出現什麼神奇的變化。

若要以正式冥想方式使用極成咒，就找個能夠靜靜地坐下來五到十分鐘的地方。閉上雙眼，休息一分鐘左右，讓你的系統都準備好。每十五至二十秒鐘，就輕聲地念出極成咒；接著在心中默念這句咒語，就像微細的思緒。只要能領受到極成咒的概念，就不再需要清晰地念出字句來。程序如下：

● 輕聲念出極成咒。（我花了五到七秒鐘。）

● 停頓，然後敞開心胸沉靜十到十五秒鐘。（大約就是

　　兩次很慢、很自在的呼吸。）

●再次輕聲念出極成咒。

●停頓，然後敞開心胸沉靜十到十五秒鐘。

●繼續上述同樣的循環，五到十分鐘。

●當你感覺可以停了就停下來，休息一、兩分鐘，最後
　再回到正常的活動中。

會帶來什麼結果

　　這十到十五秒鐘的「停頓並敞開心胸沉靜下來」，就和
念出極成咒同樣重要。你需要給自己的意識和潛意識足夠的
時間和開放空間，來消化這個強而有力的新想法。你也需要
給自己空間，讓舊的設定提出我所謂的反駁。當你的舊設定
和內心深處熠熠發光的美好新想法爭執不下時，它就會反
駁。你向自己念出極成咒——我每天擴充財富、成功和愛，
我也鼓勵身邊的人這樣做——然後你的內心就會喋喋不休地
爆出反駁：「別傻了。你絕無法激勵任何人做什麼有價值的

事。」

　　在你心中想著極成咒幾秒鐘之後，可想見會有很多反駁的聲音出現。應留些空間讓你（還有我們其他人）腦中抗拒極成咒的強烈想法浮出檯面。畢竟，你正在克服幾十年來的條件反射作用，不能期待舊設定會無聲無息地消失無蹤。事實上，不只要期待反駁的聲音，還應該鼓勵它出現。反駁是件好事，因為它讓你知道極成咒正在作用。一旦極成咒滲入你的意識和潛意識裡，反駁的聲音就停了。然後，當你穩固地站穩在「天才地帶」，回頭看看那些抗拒，會發現你就像背著裝滿石頭的背包而不自覺。一旦卸除了背包裡的額外重量，你會覺得得到解放，不用再浪費時間想你花了多少年背著它。

　　在日常生活中，也可以非正式地額外使用「極致成功咒」。隨機地，偶爾就想起極成咒或把它說出來，讓它自然而然地溜進你的日常思緒中。你也可以把它寫在小紙卡或便利貼上，貼在一天中你看得到的幾個地方。以我來說，我就把它放在我能常看到的地方，例如汽車的儀表板或書桌的角

落。如此，在像陀螺般忙碌的一天中，就可以讓你不時地想到它。

一條關鍵的捷徑：聰明說不

在學習乘「天賦螺旋」的上升氣流盤旋而上時，如能練就我所謂的「聰明說不」，你的飛行就會變得更加平穩順暢。拒絕不符合「天才地帶」的人、事、物，也就製造了「聰明說不」的機會。因為你為了天賦的理由而說不，因此我稱之為「聰明說不」。你並非因為金錢、不喜歡、沒時間等等任何尋常的理由而說不；你說不，是因為你選擇要專注於那些顯然在你「天才地帶」內的活動。為這樣的理由說不，還會對被你拒絕的人產生激勵的效果。常有人聯絡我，要謝謝我以那樣的方式拒絕他們，因為這促使他們也基於自己的天賦而做了同樣的事。

務必仔細地看看你對不吻合自己「天才地帶」的那些事說「是」的次數。即使它們因為其他的理由而似乎顯得有

利，但那些要求會耗掉你大半的精力，使你無法用更多的精力來發揮你的天賦。

　　舉例來說，不久前有個發明電子裝置的公司慌慌張張地來找我，希望我幫它背書。我檢視了該裝置（它們概括說來屬於生物回饋機器範疇），它們看起來的確頗有助益。該公司打算付我五萬美元和股票來換取我的背書。表面上看起來替可助人的東西背書很有賺頭，但我仍考慮了些時間。在我和凱瑟琳討論這件事時，我清晰地回憶起何以自從我遇見她以後的二十八年裡，每天醒來我都覺得自己是這世界上最幸運的人。她聽完我描述這小玩意兒、這公司和他們給的條件後，連眨都沒眨一眼就問我：「它吻合你的『天才地帶』嗎？」這個問題讓我大吃一驚，我笑了出來。「不，」我說：「除了那五萬美元以外。」

　　此處「聰明說不」發生了神奇的作用。我寄了電子郵件給他們，解釋我拒絕他們的理由。其中說道：「近年來我確實從專注於我稱之為『天才地帶』的活動而受益良多。這些就是我特別適合做的事，也是我存在的最重要目的。雖然我

喜歡貴公司的人，也認為貴公司發明的裝置很有用，但我還是要拒絕貴公司，因為它並不適合我『天才地帶』中的蜜區。」在我寄出電子郵件大約一個小時後，我接到該公司老闆的電話。他說了類似以下的話：「你不會相信收到電子郵件後我們討論了什麼，」他說，經營管理團隊已計畫在公司外專注於探討這個主題，問我是否願意花一天時間和他們討論這件事？我告訴他我沒有時間，因為我每天都安穩地待在我的「天才地帶」，寫書（你手上的這本）來解釋我所知關於這個主題的每件事。若他可以耐心地等待六至八個月，那麼我會很高興地送他這本書，後續也可以針對他的組織來做專題討論。

　　「聰明說不」的大多數機會並不會附帶難以抗拒的大額金錢。但這並不重要，因為你並不是拒絕金錢，而是強化你待在「天才地帶」的決心。每次你拒絕不吻合你天賦的東西，你就為自己在「天才地帶」建造了更穩固的基礎。

另一條捷徑：延用及優化決心

決心就是你進入「天才地帶」的跳板。自你認真下定決心要待在「天才地帶」的那一刻起，你就驅策自己往那裡前進了。一旦進入了「天才地帶」，決心就會完美地幫你掌舵和校準，使你穩穩地待在「天才地帶」的中心。

凱瑟琳和我常說，「下定決心」的藝術其實應該叫作「再下決心」的藝術。下定決心指你開始涉入，然後驅策自己完成任何遊戲的初始階段；而再下決心則指在你想要放棄時，促使你有所保留進而重新燃燒起來。當你追求任何有價值的目標時，難免會有精力不足的時刻（至少在我的經驗中是如此），這種時刻救命的一步就是再次下定決心。例如，在你堅持追求目標的過程中，可能會被深埋在心中那種「我根本就不討人喜歡」的執念打擊。這些執念在人進展到永久占有「天才地帶」時，動不動就會在他們的內心和意識上萌芽。說到底，我們怎麼會為自己設計如此的極致試煉，教我們去尋找那種我們早已認定根本不存在的東西呢？不可避免

的，我們總有一天會發現巨石橫亙在「天才地帶」的大廳之中，這顆巨石就是你不討人喜歡的執念。而這種錯誤的執念使你慌忙地尋找，在自身之外能夠確認自己的確惹人疼愛的證據。這是由極致的騙徒，也就是你的自我所設計的極致詭計，目的是要牢牢地抓住它的工作。這是工作保障的問題，自我當然非常努力地想緊抓住「它的工作」。

顯然，自我有絕對的權利感到恐懼。畢竟在「天才地帶」，你不需要餵養自我。在「天才地帶」，你不用在乎取得認可、控制、對等或任何其他取得導向的目標。你來去自由，隨時可以面對此時此刻的無限可能。然而，當你既判定自己不被愛，卻又深知自己能創造愛，這兩端的拉扯會使你感覺細胞將要乾枯，就像宇宙的某部分即將枯竭了。這就是該再下決心的時候了。此時就該深呼吸，再次下定決心要完全活在「天才地帶」。

幾乎每天我都會重新審視自己活在「天才地帶」的關鍵信念。我常念誦和思及「極致成功咒」：

我每天擴充財富、成功和愛，同時我激勵身邊的人也這麼做。

每當我想到「極致成功咒」時，我總是走動、呼吸或哼唱著它；而我的確常想到它，它已成為我生命組織中的一部分，親近的就像血液中脈搏的跳動，或鼻腔中新鮮空氣的甜美氣味。活在「天才地帶」猶如騎腳踏車，只要掌握訣竅就不難了，甚至極為容易，它是帶給人強烈生命力的極度快樂源泉。但它強烈要求堅定不屈，你最好不要爭辯這點：你必須非常專注在它身上。我就因為未信守此要求，而多走了不少冤枉路。

當我在旅程中搖擺不定時，我當下馬上再下決心。偶爾你或許會失焦、注意力渙散，那時就是再下決心的時候。這種狀況發生時，不必然是什麼了不起的事，它純粹意味著你需要再下決心選擇在此：全方位地發揮你的天賦，來幫助自己和他人成長茁壯。

專注會讓你在「天才地帶」心緒集中且進入狀況。若能

專注，你會注意到何時鬆動了活在「天才地帶」的決心。當你覺得偏離中心，或什麼事都做不好時，此刻就要再下決心，然後持續前進。有兩個重量級的動機可促使你非常專注：首先，在你擴充了愛、財富和成功時，當下帶給你的狂喜極具驅動力。因為這份狂喜，會讓你想要時時活在「天才地帶」；除此之外，還有一種混合了狂喜和寧靜的特殊靈藥。這種寧靜是來自「極致成功咒」的第二個部分──激勵你周邊的人活在他們的「天才地帶」。

激勵他人常訴諸道德，亦即「應該」和義務，很少訴諸官能快感。而這世界上最可口的感覺之一，即是看見他人真的受到你活在「天才地帶」的鼓舞。激勵他人並不只對他人有好處，你自己也能感到無比美妙。

6

活在愛因斯坦時間

創造時間澈底發揮天賦

　　為使生命走得更為和諧，你需要和時間發展和諧的關係。多數人很難在所有優先工作中找到平衡。沒有比改變你和時間的關係更為優先的了。若能掌控時間真正運轉的方式，你就能心平氣和地工作，並且得到最好的成果；反之則否。在我了解到時間到底怎麼運轉以前，我總是事倍功半。當我破解了愛因斯坦時間（Einstein Time）的奧祕以後，一切就改變了。現在我至少都能事半功倍。即使我已了解該轉變背後的科學理論，對我來說它仍像個奇蹟。

　　能正確理解時間，你馬上就能感覺到一天中的壓力變少了。除此之外，更重要的是你可以騰出時間，做更有創造力的思考。當我向高階經理人，諸如青年總裁組織YPO（Young Presidents Organization）演講時，我最常聽到的抱怨是：「我們沒有時間做那種讓企業產生巨變的創造性思考。」在事業和生活中，往往很容易陷於處理瑣事的泥淖中，使你無法產生創造性的新突破。如能把本章的想法注入工作中，此問題就不再存在了。當你轉換到愛因斯坦時間，你的產能、創造力和愉悅感都會蜂擁而至。這種轉變發生的

當下，即可看出一個非常簡單的事實：

你即時間之源。

接受及實踐此真理，你的產能和閒暇就會同步大幅上升。它太有效了，簡直就像魔術，但它其實是建立在受到愛因斯坦物理學啟發的扎實科學之上。

一旦你了解自己就是時間的源頭，你就有能力想要多少時間就創造多少時間。你是主宰者。我知道這種魔力聽起來可能相當詭異，但這確實就是時間真正運轉的方式。在我開始傳承這樣的概念以前，我用的是自學的方式……也就是難的那種方式。

大約二十年前，經歷強烈的沮喪和壓力，我驚覺自己大部分的壓力和沮喪是因為完全用錯了時間。我過於曲解時間的概念，因此要不是覺得太匆忙（時間不夠）就是太無聊（時間太多）。大部分時候我感到很匆促，彷彿時間永遠不夠，總是不斷地溜走似的。即使我已加班，該做的事還是永

遠都做不完。為了逃離這種壓力，我花了三天時間去洛磯山脈徒步旅行。我想，或許用幾天來面對生命中的根本狀況如暴風雨、美洲獅等等，能夠洗滌我的心智。

行旅的最後那天，我在一塊巨石上歇息，俯瞰著流動的小溪流，突然領悟到人生轉變了，而我的寧靜回來了。我發現自己對於時間的理解是基於過去的牛頓典範，我突然頓悟了，意識到愛因斯坦典範才是時間真正運轉的方式。我感覺到體內有股意識在變化，細胞似乎圍著這份新了解而重組了。那時一切都變了，從那天至今我便總能事半功倍，而又總是開心無比。因此，二十年來我都沒再感覺過匆忙。表面上看起來，我此刻的人生比當初那個頓悟的時刻還要忙碌；但儘管如此，我卻不再匆匆忙忙。

你不需要靠山中行旅來喚起覺知。某個曼哈頓股票經紀在有次專題討論中曾聽過我談論愛因斯坦時間，之後寄給我一封電子郵件，告訴我他最近搭地鐵去華爾街上班路上發生的事。他說，某天早上他快遲到了，趕忙衝去搭地鐵，在擁擠的車廂中想辦法同時顧好咖啡、貝果和公事包。擠在塞滿

通勤族的地鐵中時，他想看手錶但是沒辦法舉起手臂，因為車廂中擠得根本動彈不得。由於看不到當時幾點，無法評估會議他會遲到多久，一股焦躁感向他洶湧襲來。突然之間他想起了有關於愛因斯坦時間的對話。慢著，他想，我就是時間，我會產生足夠的時間，所以會議不會遲到。雖然地鐵上仍舊人擠人，但他放鬆了身體，試著享受當下。由於不需要擔心會跌倒，他閉上眼睛，把注意力放在當下當地的自己身上。很快地就到站了，走進了清爽的早晨空氣中，他又再一次強烈地想要看手錶，也再一次放下了這個念頭。當他走進原以為會遲到的會議室，卻發現還沒有半個人到。他獨自坐下，細細品味他體內輕鬆自得的感覺。很快地與會者開始湧進會議室，抱怨著路上誤點的列車和公車、咖啡店慢吞吞移動的隊伍等等的聲音不絕於耳。他就只是微微笑著。

　　現在請你大膽轉換為愛因斯坦時間。若正在使用任何時間管理系統，把它丟進抽屜裡，別再看了。實務上，或許你根本很久沒用它了。愛因斯坦時間是一種新的時間管理系統，會重組你心中對於時間的概念。不用花時間來用它。事

實上，它產生時間，同時在創造力、自在感和財力上也創造豐碩的報酬。

這種和時間共處的新方式帶來四種主要利益：

●用更少的時間做更多的事。

●有充裕時間和飽滿精力來做最重要、最有創造性的活動。

●發現自己的獨有能力及應用方式。

●從內心感覺良好。

問題

仔細看看我們所面對的問題。就如同數百萬其他忙碌的人，你或許已認真想過時間的問題了。你或許已買了不只一個時間管理系統，諸如富蘭克林・柯維（Franklin Covey）系統或我的鄰居大衛・艾倫（David Allen）開發的系統。一開始或許你很想要認真地使用它，然而，在課程結束和顧問離

開後，你雖然試著使用系統但卻苦於其複雜度而不得其門而入。最後，即使用了，也只用其中小小一部分，而其他大部分則束諸高閣了。你甚至還可能因為未能善加利用此系統而感到罪惡不已。然後，過一段時間，你可能又買了另一個系統。

我不希望你對以上這些狀況感到難受，畢竟你待的是好公司（例如我的公司）。在我發現時間的奧祕以前，我恐怕已經研究或買了半打不同系統了。你付出的這些努力都很可貴，應該好好地讚賞自己。你的原始意圖是要解決現代生活中最困難的問題之一：如何把該做的事做完，還能有時間留給創造力、家人和自己。這份可貴的意圖促使幾百萬人每年花錢投資時間管理系統，卻只發現他們要不是不再使用那些系統，就是為了搞清楚系統而消耗掉比省下來還多的時間。

解決方案

愛因斯坦時間讓你得以擴充發揮創造力和親密交流的時

間。有了愛因斯坦時間，你不只能節省時間，還將學會如何成為時間的源頭，讓你想要多少時間就能生產多少。有了愛因斯坦時間，你還會發現如何釋出精力來完成最珍貴的活動。你會精準得知何以創意能量變得乾涸，也能知道如何讓它變得源源不絕。

結果是：不再匆忙，不再有時間壓力，也不再因為整天忙碌卻沒有完成任何重要工作而筋疲力竭。反之，你有很多時間、充足精力，還有保持時間和精力的技巧，讓你隨時能夠消除疲勞、恢復精神。

沒有證據顯示未來生活步調會變慢。我們需要組織時間和精力的方法，但現有的時間管理系統只在某種程度上對於特定型態的人有用。對多數人來說，特別是那些創意人員，愛因斯坦時間則帶來了絕無僅有的利益。它知易行易，而且好用到你都很難相信怎麼會沒用過它。

現在該從困住你的時間陷阱中脫逃了，如此即可在「天才地帶」的開放空間中自由翱翔。雖然或許可採用牛頓時間來促進工作和個人生活，但你仍需要調換到愛因斯坦時間，

如此方能從時間的牢籠中得到真正的解放。牛頓時間充其量只能讓你不斷地精進，但我們真正需要的是根本的轉變，此即愛因斯坦典範有力之處。

舊典範

牛頓典範的時間亦即其主要限制。牛頓觀點認為，時間有限，必須妥善分配，如此方有足夠的時間做必要的事。由於牛頓典範假設時間不足，因此我們內心會因時間緊迫而焦躁不安。這就像假設食物不夠是相同的道理，我們永遠都會覺得飢餓，永遠都會害怕食物不夠。如果你曾這樣思考時間，那麼歡迎你進入多數人所在的世界。然而，因為牛頓觀點只是多數人的起始之處，並非時間真正運轉的方式，因此希望還在前方。牛頓的時間有限理論只是我們必經的階段而已，就像牛頓物理學也只是我們進入愛因斯坦新典範之前的必經之路。

細數牛頓時間陷阱

牛頓典範保證你永遠都有時間的問題。要不是時間太少就是太多；要不是「根本沒有時間」，就是坐在那兒「滿手都是時間」；要不是匆匆忙忙想趕上進度，就是無聊到不知所措。在牛頓的世界，要不是「來不及了」，就是眼睜睜地看著時間在眼前溜走。想想在你的人生中有多少次聽到有人說：「我的時間恰好夠我充分享受我正在做的事。」我不曾聽過任何人說那樣的話。大部分人似乎都處在時間軸的兩個極端：因為很忙所以總是跑在時間的前面，或是因為沒事做所以根本無聊到不動腦子。

牛頓時間緊迫的核心理論是二元分歧論：我們被蒙蔽而以為時間「還在那裡」，但具體有形的實體卻壓在我們身上說它「就在這裡」。當然這根本荒謬無稽，但是試試這樣告訴心臟科的患者看看會得到什麼反應。醫學博士邁耶爾‧傅利曼（Meyer Friedman）在他的經典著作《A型人格的行為與你的心臟》（Type A Behavior and Your Heart）中指出，典

型的心臟病患者都有顯著的時間焦慮感。他們總是和時間賽跑，而他們的心臟也就因此呈現出磨損與裂痕。

牛頓的二元論迫使我們和時間競爭。在此典範中，我們把時間視作主人，而我們則是奴隸；更甚者，時間變成加害者，而我們成為被害者。因為時間就像盤旋在生活背景中經常存在的實體，我們總感覺自己是這個實體的被害者。這樣的觀點損及我們的健康，破壞我們的事業，摧毀我們和家人及朋友的關係。所以我力勸你採用愛因斯坦時間，不只因為它是新典範，更因它確能拯救我們的人生。

時間問題即空間問題

為了理解愛因斯坦新而廣的時間理論，我們也需要改變看待空間的方式。當我們以愛因斯坦時間運轉時，我們願意占有多少空間便產生了根本上的改變，因此我們對時間的感受也改變了。由於學習用新方式來占有空間，我們實際上能夠產生更多時間。

　　以下為實際案例。回想口語化的愛因斯坦相對論：和心愛的人在一起一個小時彷彿才過了一分鐘；而坐在火爐上一分鐘卻像過了一個小時。這個例子可以完全清楚地解釋愛因斯坦時間，以及它為我們的生活方式帶來多麼強烈而正面的結果。若被迫坐在火爐上，你會全神貫注地試著別讓自己占有那個空間。你會把意識集中在自己的核心，縮小接觸火爐所帶來的疼痛。這種縮小意識、遠離空間的舉動，讓時間都凝結了，它似乎慢下來，然後硬化成為固體。你對痛苦越是畏縮，時間過得越是緩慢。

　　但當擁抱所愛時，你的思緒會跑到相反的方向去，越跑越遠。與所愛在一起時，你身體裡的每個細胞都渴望與他或她合而為一。你的思緒飄向遠方，盼望此時此刻能占有每個微小的空間。當你沉浸在愛中，你會融入周遭的空間，身心都放鬆了。而當你的思緒飄到虛空中去，時間就消失無蹤了。就算你記得去瞄一眼時鐘，也會發現時間飛逝，眨個眼幾個小時就不見了。當你的心與所愛同步跳動時，你的每個細胞也都拚命地想要和所愛完全地結合。時間被遺忘了。當

你願意占滿整個空間，時間也就消失了。突然之間你無處不在，沒有其他該去之處，而你所在之處即是對的時間。

現在，回到火爐上。希望你坐在上面夠久了。以下就來舉個生活中比較相關的例子。某個早晨你發現腹部肌肉特別的緊張，但你很忙，所以沒停下來找出胃痛的原因。換句話說，你明知胃緊張但選擇不要占有該空間。你視而不見，匆忙地繼續你的行程。但這時間很昂貴，因為選擇忽視胃痛的理由，你就等於判決自己要整天和時間戰鬥。

具體來說，你的胃痛可能是因為害怕的緣故。例如你怕女兒來訪——就如最近我朋友發生的狀況。他是個單親爸爸，太太幾年前癌逝，留下三個青春期的女兒由他獨力扶養。以下是他告訴我的故事。

大約早上九點，我坐在書桌前寫一篇當天得寫完的文章。電話響了，我的十九歲女兒莎拉（Sara）打電話回來。她說她正要從學校回來，開車大約六小時。她告訴我有重要的事要跟我商量……，因為很重要，不能在電話上講。我聽

她這麼說，胃整個揪成一團。我拜託她給一個提示，但她只說下午就會見到我了，接著沒說再見就掛了電話。因為這對話太不像我們平常的對話，我愣住了。事實上我就站在那裡盯著手裡的話筒很長一段時間，才想到要掛上電話。然後接下來的六個小時我就完全不知道時間了。我一定看了時鐘不下一千次。我試著專注寫文章，但我的心一直跑回剛剛的對話。莎拉一直是「很有責任感的那個女兒」，所以我絞盡腦汁想要想出究竟發生了什麼事。她懷孕了嗎？她得了什麼可怕的病？到下午三點前，我的心都像食物調理機在高速轉動的狀態。終於莎拉進門了，我問：「你跑哪裡去了？」她說，她停下來吃午餐，但餐廳擠滿了人。「午餐？」我沙啞地說。過去七個小時我完全沒想到吃這回事。她為什麼回家來？她告訴我，學期中母親的死帶來的悲傷重重壓在她身上，她發現自己不想待在學校。她想休學一年，找個打工的工作，或許夏天去小小旅遊一下。她非常擔心我會失望或反對。十分鐘後我們一起又哭又笑，又成了最好的朋友。

　　他告訴我在她走進家門前，時間似乎「慢得像蝸牛在爬」。當他老是看著時鐘，時間就一分一秒溜走了，他的創意能量也消失了。不論他多努力忙著工作，大腦仍不斷地回到打結的胃和擔憂的心。莎拉說出她的兩難和想望後，突然之間時間有了不同的面貌。在他們討論對於休學的感受時，一、兩個小時一下就過了。以下也是愛因斯坦魔法作用的真實情況：當他回到桌前，聽憑手指頭在鍵盤上飛躍，不到一個小時就完工了。原以為得花一天才能寫好的文章，沒想到竟只花了零星的時間就完成了。

時間的真相，還有那些你根本不想做的事

　　你永遠都沒有足夠的金錢去買那些你並不真正需要的東西，也永遠都沒有足夠的時間來做那些你並不真正想做的事。而時間和金錢的牛頓理論是建立在有所不足之上。廣告產業之所以繁榮，即是因為他們深諳此理，而多數人卻無所悉。廣告促使我們想要很多不需要的東西，也促使我們想要

去做很多不真正想做的事。在愛因斯坦時間裡面，那些問題就都不存在了。

要運用愛因斯坦時間，你得全盤翻轉；而正由於太不可思議了，當建議人應該這麼做時，我真的聽到他們倒抽了一口涼氣。這涉及了對於時間的完全掌控。這是非常勇敢的一步，極少人有勇氣這麼做。我但願你是那極少人中的一個。

跟著我的腳步。這概念太不尋常了，所以沒辦法用尋常的方式來理解。我們必須剝下一層層老舊而錯誤的設定，一步步得到優雅而純粹的真相。其中需剝除的一層就是時間的人格面具（Persona）。

「抱歉，可以借用你的人格面具一會兒嗎？」

我們和時間的衝突牽涉到自有的人格面具。人格面具是指在我們人生中的特定時點，對應特定的條件時產生的行動和感覺樣態。人格面具（Persona）原為拉丁文，意指「面具」，亦即較為人熟知的個性（personality）字根。回想你在

原生家庭中曾見過的不同人格面具。同一個家庭能生出一個
戴著「叛逆分子（Rebel）」人格面具的孩子，也能生出一個
戴著「媽媽好幫手」人格面具的孩子，還能生出第三個戴著
「班上活寶（Class Clown）」人格面具的孩子。這些人格面
具是出自何處、如何形成，是心理學上試圖解決的巨大謎團
之一。這個謎團就留給學術研究吧，現在只需專注在人格面
具最實務的面向上。

關於人格面具，你真正需要知道的事

　　每個人都至少有一個人格面具，而大多數人都有二或三
個人格面具來適應不同的場合。但此處有個弔詭的真相被忽
略了：大多數人或許並不了解自己戴著的人格面具只是個人
格面具。例如，若從幼稚園起就一直戴著「害羞的孩子」人
格面具，成人後你可能真的會以為自己是個害羞的人。你可
能沒察覺它就像你早年穿著的外衣，卻因為穿了太久而誤以
為是你的皮膚。

長大成人的過程中應學習發現哪些行為係出自人格面具，而拿掉對於人生中的幸福和成功毫無助益的人格面具，則是成長的必要條件之一。叛逆分子可能會在二十五歲時覺醒，發現到花在反抗權威的力氣，還不如轉去花在得到權威者的正面關注上。我明白此道理，因為我就是其中之一。我在高中、大學和其他地方（常因「班上活寶」人格面具而有滑稽動作）都惹了不少麻煩。二十多歲時我戴著「叛逆分子」人格面具，因為我努力想要得到男性權威人物的關注。我從小失怙，而我把自己的悲傷藏在憤怒之下。我用相反的方法與權威者互動，用錯誤的行為而不是積極的貢獻來攫取我渴望的關注。所幸最終的結果還不錯，因為我及時醒悟，把叛逆的精力轉移到了創造力上面。

時間的人格面具有同樣的作用。大部分人對於時間也採取一種人格面具，然後卻忘了它是人格面具。我們忽略了人格面具可以套用，但同樣也可以取下；它變得根深柢固，成了半永久性。以下就從兩個相反的極端來舉例說明時間的人格面具。其中一端是「時空戰警（Time Cop）」，總是準

時，並且提醒他人準時。若不準時出現，時空戰警會沮喪，對於時間另一端的「時間懶鬼（Time Slackers）」更會暴怒。若戴上「時間懶鬼」人格面具，你就老是會因為遲到或根本不出現而惹上麻煩。若是「時空戰警」人格面具，則會因為他人無法信守時間觀念而找人麻煩。

在此我直接供認不諱：我就是個「時空戰警」。雖然我已長大成熟，已經略微軟化了些，但一日為「時空戰警」，終生都會是「時空戰警」。我預期這個人格面具會跟著我，直到最後嚥下那口氣（我保證會準時）。

有段時間我曾有個員工，她是個不折不扣的「時間懶鬼」。不論她何時該在何處，她總會有點遲到。大部分時間並不會造成問題，因為她在辦公室的職責通常對於時間的要求並不嚴格。但有次就造成了問題。某日她唯一的職責是在某個特定時間去機場接我。入關後我走到機場外面的人行道上找她，她本來保證會在那裡等我，結果她不在那裡。那個年代不像今天手機這麼氾濫，所以我沒有任何辦法可以確認她到底已在路上，或完全忘記這回事。我在冷風中等了好幾

分鐘，然後我放棄，上了計程車。

　　我回到辦公室一個小時後，她走進來並且怒氣沖沖地瞪著我。「你在哪裡？」她問：「我在機場等了半小時！」我簡直不相信自己的耳朵。「你在哪裡？」我問。「我站在那裡等了十分鐘，然後花了二十五美元搭計程車回來。」她給我一個「時間懶鬼」的典型回答：「我只不過慢了十五分鐘。」她帶著一種受害者的惱怒語氣說了這句話。我問她：「我怎麼知道你只會晚十五分鐘？就我所知，你根本忘得一乾二淨。」她翻翻白眼，一副「你怎麼會這麼暴躁易怒？」的樣子。

　　這是兩種時間人格面具的衝撞：我的「時空戰警」對上她的「時間懶鬼」。在此案例中，「時空戰警」是付薪水的人，所以那天我的人格面具獲勝了。幾個字眼溜進了我的腦裡。我停下來略微想了想，稍稍品味那幾個字的甜美滋味，然後轉達給她：「你被開除了。」她擺脫我「時空戰警」人格面具的束縛了，儘可隨意拿她的懶散去對付其他人。

愛因斯坦時間

轉換到愛因斯坦時間後，我們就掌握了手上的時間，了解我們就是時間的來源。我們的內心感到解脫，因為領悟：我就是時間的製造者，要多少就能製造多少！理解這句話的真理，我們的內心就產生了巨大的調整。我們療癒了牛頓的時間關係中揭櫫的二元分歧論。我們和時間不再是「我們對他們」的對立關係。我們是時間的源頭，而因了解此事實，我們就變成了時間的真相。

要主宰此概念，需要不斷練習和保持清醒。我會告訴你如何練習以及集中意識在何處。這一切聽來可能不可思議且難以理解，只要記住：就像在練習開車一樣即可。在我小時候第一次坐在駕駛座時，我很確定自己不可能理解那些複雜的程序。但如今我知道了，你也知道了。若你能開車，那麼就能掌握愛因斯坦時間。掌握愛因斯坦時間就像開車，只是不用車子而已。

率直點，就像在對抗心中的局限那樣率直：不要再想時

間「在那裡」。擁有時間的所有權──認可你就是時間的來源──那麼時間就不再擁有你了。主張時間屬於你，時間就會放棄它對你的主張了。我找到的最好方法是機敏地問某個具體的問題，此問題即可讓你牢牢地掌控時間和人生。

此過程中沒有陷阱。你或許可以不問問題就擁有時間的所有權，只要主張時間是如你自己所願而發明出來即可。你只要向自己說類似「我的確就是時間的來源。」的話即可。看著鏡子說：「我就是時間的來源。」或者，如你屬於那些嚴厲說教的人，就說：「哪有什麼像時間的東西『在那裡』，笨蛋。時間都是來自你的體內。你不是時間的受害者！」無論如何，問問題會比較簡單容易。

要想產生很多時間，問自己：

人生何處我未能完全擁有？

或換個方式問：

我不承認何為我所有？

或：

生命中有何面向我需完全擁有？

　　答案總是明顯如興薪，但我們總要等到謙卑到能問這樣的問題時才會看得清楚。此處問題背後有個準則：壓力和衝突是因抗拒接受和擁有而產生。若不完全願意接受自己本身或人生中的哪個部分，那個部分就會讓我們感到壓力和摩擦。等到接受那個部分並主張擁有它以後，壓力才會消失。此刻，我們否認擁有的部分就會納入完整的我們之中，而奇蹟就從該完整之處發生了。

　　例如，若你有個孩子吸毒，你否認此問題越久，你的壓力和衝突就會越多、越重。若你不看此問題，你的否認就會產生更大的壓力和衝突。若願意面對但不承認此問題而說：「這不是我的問題；這是孩子的問題。」你會經歷更多的壓

力和衝突。要解決此問題,你或孩子都必須主張擁有此問題。重要的是,通常只有一個人會先主張所有權。在我的經驗中,很少有兩個人同時願意負責任。如你先主張所有權,那麼必須等到你的孩子也主張所有權,才能完全解套。當你們兩者都決定主張所有權,好比「這是我的問題,我有責任解決。」真正的奇蹟就會發生了。我見過幾百次這樣的奇蹟。

如何開始

就從時間本身開始。不管要花什麼代價,要讓你自己和你就是時間源頭的事實產生和諧共鳴。只要你被說服了,就要開始做得像真的那樣。有個簡單的方法,即是「斷食」:亦即完全不再抱怨時間。這種勇敢的舉動會讓你走出被時間迫害的地位。若不再抱怨時間,你就終止了時間是迫害者,而你是受害者這種消極的神話了。當我開始啟用這種斷食療法時,我發現這種方法意外的難。若不是採用斷食療法,我

都沒發現自己的對話裡面包含了多少對時間的抱怨。注意這個禮拜你周遭的對話，看看有多少次你會聽到這樣的內容：

「但願我有時間停下來聊兩句，但我急著走。」

「時間跑哪裡去了？」

「一天的時間就是不夠。」

「只要我能多睡一小時。」

「很想多聊聊，但我得快走了……」

「我得趕去銀行……」

「我現在沒時間做那件事。」

所有這些陳述裡面都包含了明顯或暗藏的抱怨，把說話者刻畫成被時間殘害的人。彷彿時間是種缺乏的原物料，暗示說時間在「那裡」，而「這裡」沒有足夠的時間。每句話都在哭訴悲戚，聲稱時間就像揮舞著鞭子鞭打著我們這些絕望地吵嚷著吃鞭子的不幸苦役。只要停止抱怨時間，你就能釋放必需的能量來思考內心中類似的活動。你需要這樣的能

量，因為這可以讓你不再抱怨被時間迫害；但不再感覺你是時間的受害者，又是另一回事了。

以上句子中我特別希望你不再說的句子是常見的這句：「我現在沒時間做那件事。」就像很多人，你或許也很常講這句話。基於從本章中學到的內容，你或許可以看出這是個謊言。有兩個理由這麼說：首先，時間不是你擁有或沒有的某種東西。你就是它的來源，你要多少就可生出多少。其次，當你說：「我現在沒時間做那件事。」時，你是婉轉地用謊言來間接地說：「我現在不想做那件事。」你怪罪到時間身上，而不願直率地說出事實。

試想有個八歲大的孩童，在你忙著做什麼時進來說：「要不要跟我玩捉迷藏？」你回答：「我現在沒時間做那件事。」但若孩子進來時說：「我剛剛踩到釘子了，腳在流血。能幫我嗎？」你恐怕不會說：「我現在沒時間做那件事。」事實上，就和你用沒時間當藉口而不玩捉迷藏一樣，你有完全一樣多的時間。事實是你不要玩捉迷藏，而要幫他止血。把時間當成罪犯，你又把自己放在受害者的地位了。

你這麼做只是出於禮貌的緣故。（我並不是主張對任何人直率，特別是對一個八歲的孩子。我主張的是，不要再拿時間或沒時間來當藉口，直接跟孩子說實話也很有禮貌：「我要先完成我現在在做的事，然後再玩捉迷藏。」不要把它說成是時間害的。）

壓力的感官知覺

注意時間的壓力在你身上是什麼感覺。把它想成像飢餓那樣的感官知覺。我們通常把飢餓想成身體正面中間那種痛苦、不愉快的攣縮。時間的壓力在你身上是什麼感覺？很急是什麼感覺？時間軸慢吞吞──多數人說的「無聊」感──對你來說是什麼感覺？

對我來說，很急的壓力就像脊椎和心臟之間的壓力，往前壓迫我的胸腔。你的感覺可能不同，也可能跟我的類似。當我感覺到時間壓力時，我會感受到頸部緊張以及往前輕壓頭部的感覺。此即我很急的狀況。另一個時間軸的極端──

無聊——則感覺像我的胸腔前面有種沒有出口、陰影幢幢的
黑暗，從我的鎖骨一路往下延伸到我的肚臍。此時此刻當我
感受這些感覺時，我了解我寧可覺得很急也不要覺得無聊。
若只能挑一個，那麼就沒有可挑的了。我突然想起我大半的
人生，都努力在避免無聊發生的可能。

當我的身體感覺到「很急」時，有另一種感知蜂擁而
至。我知道那不是很急的感覺，因為很急是感覺的真實根
源；而它是一種創造力在體內發酵的感受。我愛極了有一堆
好玩的東西等著我去發現、問一些大問題然後等著答案出
現、等不及搞清楚狀況就一頭栽入有趣事物之中等等這種輕
微混亂的內在感受，那就是我覺得最有活力的時刻，而我喜
歡無時無刻都能感覺到活力。

因此，過去三十年中我只記得一個覺得無聊的例子。當
時是因為我在五十歲時決定退休。我看到的景象是：和太太
悠閒的在海灘散步，寫寫應景的俳句，領版稅過日子，意味
深長地拉拉我早就想留的山羊鬍。凱瑟琳對於我的退休也歷
歷在目，因為她常說那段日子簡直是她人生中最漫長的三個

禮拜。退休使我成了澈底的失敗者。我常常和凱瑟琳悠閒的
去海灘散步，我想我甚至寫了一、兩闋俳句。退休後第三個
禮拜的某一天，我在海邊散步時，一個不經意的念頭溜進了
心中：我覺得好無聊。

倒不是我很想念急急忙忙的日子，我只是了解到自己強
烈地總想創造些什麼，最好是同時有三、四件事，如此我的
本性才能飽和。那是我覺得生命力最旺盛的時候。因此，我
告別了退休，從此開心地活在騷動之中。

看到我「不抱怨時間」的斷食成效後，我開始邀請客戶
來體驗同樣的事。他們也獲得了豐碩的果實。

以下是他們告訴我的一些好處：

「我們發現自己完成了更多事情，但並不覺得匆忙。」

「工作了一天，但覺得沒那麼疲倦。」

「我們突然有時間可以輕鬆閒聊，不像以前總是簡單聊
個兩句而已。」

　　我的客戶之一，一家獵頭公司的經理人，他所經歷的變化尤其是個好例子：

　　我把這比擬為從用手肘開車到能用手開車的轉變。突然之間，一大堆狂亂的活動似乎都不再需要了。在我掌控手中的時間以前，我感覺像在跟時間比腕力。時間猶如一股碩大的威脅，總是快要壓垮我。當我知道真正的事實──我同時是時間和壓力的源頭──感覺就像巨大的重量從我身上抽離了。

　　這就是主宰時間的感覺。

邀請

　　此刻，我不能免俗地要說出：「花些時間來練好這些原則吧。」不過，因為你就是時間的源頭，因此修正如下：「生些時間來練好這些原則吧。」

　　這種獨到的觀點——我們即是時間的源頭、時間並非來自外部的壓力，以及我們能製造自己需要的時間——瞬間就能領會，但需要多加練習才能將其融入生活中來應用。最重要的是敏銳的注意力，要不斷地警覺自己是否把對於時間的抱怨宣之於口，或訴之於心。當你逐個點出它們並且消滅它們，你就會慢慢地變得比較不忙，同時卻做好了更多。

　　現在就交給你了。我已全盤托出所有關於愛因斯坦時間的事，而你已擁有所有需知來實踐愛因斯坦時間。盡情享受美好時光吧。

7

提升婚姻關係

超越愛與欣賞上限

如你此刻所知，我們不能不學會處理更多的正能量、成功和愛。我們不應耽溺於過去，而應對於現在生活中發展良好的每事每物更加寬容看待。若不學會此方法，人生中的每個領域都不會順遂。其中受到巨大傷害的領域就是婚姻關係。碰到「上限問題」時，婚姻關係就是其中最為艱困的關鍵領域之一。事實上，你越成功，你的婚姻關係就越顛簸。以下會解釋原因，同時也會告訴你如何避免最後的這個普遍障礙。

針對成功人士的婚姻關係所進行的深入研究極少，社會學家約翰·丘伯（John Cuber）和佩姬·哈洛夫（Peggy Harroff）即曾主導其中之一。他們發現在四百三十七位成功人士中，有百分之八十不滿意他們的婚姻及其長期關係。僅有大約百分之二十的夫妻擁有他們所稱之活力型（vital）婚姻關係。另外百分之八十對於婚姻的不滿主要有以下三種型態：

一、無生氣型（devitalized）婚姻關係：伴侶之間即使好

幾年前就已貌合神離，但仍維持表面的婚姻關係。
他們一直都在「走走過場」，有時候也撐了好幾十
年。這種關係通常從外表上看起來沒問題，但兩個
個體之間已經少有激情，甚至完全沒有激情了。

二、消極融和型（passive-congenial）婚姻關係：伴侶之
間起初彼此完全沒有熱情，他們的關係多半建立在
朋友之間的深情上，就像事業夥伴。因為對彼此的
期待很低，所以也很少對彼此感到失望。由於這種
低期望，他們不會常常吵架，所以婚姻關係維持在
一種乏味的和諧狀態之中。

三、慣性衝突型（conflict-habituated）婚姻關係：伴侶之
間的生活型態建立在持續不斷的爭吵之中。不論是
低度的小吵或火熱的大吵，他們處在間歇停戰的長
期戰鬥中。他們似乎越戰越有活力，爭吵不斷地激
起他們的腎上腺素分泌。

初次看到這項研究發現時，有種絕望的感覺向著我一波

波地襲來。若這些極成功人士的婚姻關係如此可悲,我們其他人還有什麼希望可言?從我看到這份研究報告至今已經二十年了,而我這些年來對於解決人們的婚姻關係也有了重要的經驗。我不認為今天整體的統計數字和丘伯與哈洛夫出版他們的研究結果時有何不同。換句話說,我認為大多數成功人士如今的婚姻關係仍然慘澹沉鬱。但現在,關於他們的婚姻何以發展成這樣的局面,我有了更多的認識。更重要的是,對於如何避免掉進成功人士受困的這些陷阱之中,我有了更多的了解。比起二十年前,我現在大大的充滿希望,因為我已見過很多成功人士改變了他們的婚姻關係──不論是無生氣型、消極融和型或慣性衝突型──轉變為活力型婚姻關係。

成功人士的婚姻關係滯礙沉悶有兩個主要的原因:(一)單純因為他們很成功;(二)因為他們未得知「上限問題」如何作用。事業成功的明顯事實,讓婚姻關係被破壞的可能性更高,因為兩人都必須更激烈地處理「上限問題」。舉例如下:

　　我輔導過一對成功的夫妻，他們毫無疑問屬於消極融和型關係。為了保護他們的隱私，我姑且稱之為吉姆（Jim）和珍（Jane）。他們的婚姻關係在前五年還算不錯，但一個突發的成功高潮觸發了他們的「上限」開關。瞬間他們上了雜誌封面，最終甚至還引來了八卦媒體和狗仔的扒糞。到他們找上我以前，他們已經大吵小吵不斷近兩年了。

　　回想一下，「上限問題」的最大驅動元件之一即是錯誤的執念：「我根本就不完美，不配得到成功。」這個錯誤執念主導了他們早期的人生，可惜兩人都是到認知了「上限問題」時才意識到這個問題。當我向他們解釋上限問題如何運作，以及舊執念如何跳出來把我們拉回熟悉的負面感受，他們的臉色因理解而刷白了。

　　當我第一次明白我用盡多大的力量不讓自己得到渴望的愛，我的臉色也是如此。所幸我在八〇年代遇到凱瑟琳前已發現這些狀況，所以我不用拿我們的關係來做實驗。在我遇見她以前，我已見識過自己的障礙對於愛或被愛所造成的破壞力。尤其我已見過投射的威力，以我之見，這應該納入各

地小學的課程主題中。

　　只要丟掉投射的習慣，婚姻關係中就有大量的能量能被釋放。如前所述，當你依據自己的經驗來歸咎他人時，投射作用就發生了。例如，一個男人可能會向我抱怨太太過於被動。若他有所投射，他會說：「我並未學過處理女人比較強勢和對等的關係，所以我和女人發展的關係，總是他們比較被動的關係。」一個女人可能會抱怨伴侶支配她，限制她完整表達自己。若她有所投射，她會說：「我總是吸引那種支配和控制我的男人。我沒學過如何當自己的主人，以及怎麼占有自己的一席之地。」

　　投射是權力鬥爭的根源，它會耗盡婚姻關係中的能量和親密。權力鬥爭是兩人之間的戰爭，目的是為了要看誰的現實會勝出。在陷入困境的婚姻關係中，很多能量會因為誰對誰錯、誰是最大受害者的權力鬥爭而消耗殆盡。婚姻關係——比較健康的婚姻關係——只有在雙方平等時才會存在。當兩人並未各負百分之百的責任時，它是一種糾葛，而不是一種關係。只有一種方法可以把糾葛轉化為關係：亦即兩人

都必須不再投射，且視彼此為百分之百創造各自現實的人。有了從消除權力鬥爭中省下來的能量，兩人共同創造的成果，會比各自獨創的還要多更多。

若處在關係中的兩人能了解「上限問題」，就能向上調整他們之間的恆溫器，也就能處理更多的正能量。恆溫器可以有好幾種向上調整的方式，只要注意你如何局限自己的愛和正能量，就可以解決很多問題。你是否用食物來打擊自己？你是否想太多？你是否轉移他人給你的讚美？你是否發現自己在性愛時想著其他事？你是否在有機會發生親密關係的那天生病了？你是否阻絕溝通，不接觸別人？

「上限問題」在成功夫妻之間被放大，是因為兩人都想「同步」對方想要活在「天才地帶」的需求。但於此同時，他們也都彼此「同步」自我破壞的習性。凡期望能超越這些習性的夫妻，就有利於共同下定決心超越「上限」，並且共同生活在「天才地帶」中。若兩人都致力於此，那麼路程就會變得更順暢了。

無論如何，這是個勇敢的任務。這麼說有雙重理由：因

為大部分人幾乎都未曾看過健康的婚姻關係；此外，也因為擁有健康的婚姻關係尚在發展中，還不成熟。百萬年的人類進化史中，第一對夫妻的雙方關係是有關生存，溝通很大程度上是一種語言的交換。對於婚姻關係是有關於成就、真誠交流以及深刻承諾等想法，我們還處在嬰兒期。任何人想要踏上意識成長的路徑，都必須謹記我們正帶來了百萬年的進化。要喚醒我們內在的自然本性，沒有比進入愛的關係更快的了。只要敞開心胸接收更多的愛和能量，我們就能開始解除安裝在系統中的舊設定了。我們的能量恆溫器會重新設定得更高，這有時候會在我們身上拉起警報。和其他人的真誠交往讓我們情緒高張，這使得「上限」的開關跳掉，使我們想要回到較為熟悉的狀態。

抑制婚姻關係中的正能量有好幾個方式，一是爭吵，例如在偶有親密關係時，由於害怕親密關係的發生而開始爭吵。另一是壓抑重大溝通，例如害怕過於親密，但卻不說出這個微小的事實（「當我聽到你說……，我的胃開始緊張，我的皮膚也開始收縮。」），反而把到口的話又吞回去。還

有一種方式是，以需要控制或支配對方（或需要被控制或被支配）為理由來抑制正能量。例如，若我們永遠必須是對的那方，那麼在婚姻關係中就沒有快樂的空間了。

如你在親密關係中屬於成功的人，你可能會發現下面的建議很有幫助：

一、確保在自己的獨立空間中，花很多時間在自己身上。可以就在伴侶隔壁的房間，只要時間長到足以培養自己的獨立性即可。人類有兩股力量相等的驅動力：融和的驅動力，和獨立自治的驅動力。就婚姻關係的發展而言，兩股驅動力都很重要。

親密關係會激起有力的能量變化，你需要休養生息來整合親密關係中電光石火般的刺激。若能學會有意識地從關係中放鬆，你就不用下意識地爭吵，和採取破壞親密關係的動作。自己獨自去散散步，自己去看場電影，花個下午去做個心靈驅策你去做的事。這些獨有的充電時間，可以讓你和心愛

的人相處時，能夠盡情享受越來越長的親密時光。

二、要優先說出微小的事實，尤其是有關情緒的事實。
讓自己能自然說出簡單的微小事實，諸如「我很傷
心」、「我很害怕」和「我很生氣」。傳達感覺、
夢想、欲望，和其他內在的經驗，能在關係中創造
深刻的親密感。沒有人被訓練過如何傳達這些簡單
的東西，而缺乏經驗會讓我們付出昂貴的代價。

三、當空氣中有股情緒時，如在親密關係中常發生的狀
況，不要試著把自己或伴侶抽離。避免講類似「拜
託不要哭」和「有什麼好生氣的」這種話。感覺需
要去感受，因此要鼓勵彼此去經歷完整的情緒迴
旋。如你很傷心，讓自己去感覺傷心直到不再傷心
為止。畏懼、憤怒、快樂和其他感覺也是如此。在
婚姻關係中真正造成問題的是壓抑和欺瞞。

四、給自己和伴侶充分的非情慾性撫觸。情慾性的愛撫
當然很好，但人類需要的是大量非情慾性的撫觸。
充滿愛意地緊緊握住雙手和溫柔地觸摸肩膀，能傳

遞出任何言語都無法傳達的愛和關心。

五、在劇烈的性愛中翻騰之後，用正面的方法把自己拉
　　回地面。很多人在享受了深度的親密行為之後，會
　　下意識地用爭吵或事故來回到地面。並不需要用痛
　　苦的方法來著陸。跳個小舞，在地球表面散個步，
　　或稍稍清理堆滿了物品的櫥櫃，都會讓你比較有效
　　地回到地球，而且也更好玩。

六、至少培養三個朋友，如此方足以組建「無上限」的
　　同謀。同謀這個字眼是來自兩個拉丁文的字根，合
　　併起來意指「相濡以沫」。這是我希望你建立起的
　　同謀關係。我希望你能感覺兩個以上的人和諧共處
　　時的力量，以及合力完成對所有人有助之目標時的
　　力量。你和同謀的夥伴會針對「上限問題」彼此教
　　育。你會點出對方的「上限」行為，例如擔憂、生
　　病、發生意外等等。你和同謀會溫和地互相提醒，
　　應該擺脫執念來創造具有質感的生命經驗。你們會
　　提醒彼此來檢視那些執念，確保它們給你們帶來承

> 載愛和生命的極致成功。當你偶有失足或跌倒時，
> 你和同謀會提醒彼此深呼吸，把焦點放在自己身
> 上，再次敞開心胸來感受比以前曾享受到的更多的
> 愛、財富和成功。

若你是個成功人士，正與其他成功人士發展親密關係，那麼你已踏上所有人致力尋求的重大旅程之一。對我來說，這是極盡刺激之旅，是一段無時無刻都包裹著學習潛力，且有機會體驗真正愉悅的旅程。

有了本書探討的想法和工具，即可啟程導向親密關係的複雜漩渦和洋流了。剩下的就是練習了。不論多精於賺錢或寫歌或熬湯，只要回到感受愛和表達愛，我們全都相當業餘。我喜歡這樣，因為它讓生命中的每個時刻都成了令人振奮的學習階段。它讓我時時刻刻都能愉快又謙卑地把自己視為這領域的初學者，而我卻已被拱為該領域的專家了。從我的痛苦經驗中已知，若我愉快又謙遜的態度變成了自以為是的理直氣壯或傲慢，天地就會樂於用意想不到的方式介入，

讓我能再次謙卑。至於天地會迎頭痛擊或輕輕提點來教我們學會功課，端視我們有多敞開心胸來學習此特別功課。冥頑不靈和防備會讓我們遭到迎頭痛擊；保持開放和好奇的心則會引來輕輕提點。我花了很長的時間才了解是誰在主導我的痛苦學習。

　　要避免和天地之間的冒犯碰撞，我們應該採取開放的態度來學習婚姻關係中的每個時刻。其中的每個互動都包含了我們和深愛的人、自己以及宇宙之間深度交流的可能性。婚姻關係是極致的精神性道路，它在我們最容易迴避和拒絕的狀況下，不斷地帶給我們愛與擁抱的挑戰。基於此，婚姻關係也是我們的性靈最耀眼之處。從一個人如何對待他或她的伴侶，比起那個人上教堂的次數，你更能辨識出他屬靈的真義。

　　透過婚姻關係來發展性靈的關鍵，在於從互動的每個時刻中學習。如此即可迎來婚姻關係中的高潮起伏，而非阻絕它們的到來。帶著開放和樂意的心，就能迎接每個時刻。這樣的態度削減了摩擦，增進了深度交流的可能，也因此不會

在亂流發生時被打亂了。

本著這種精神,此處即以我所翻譯的十四世紀波斯神舌哈菲茲(Hafiz)的詩作,來結束本章對於成功人士和婚姻關係的討論。

神聖邀約

歡迎來到神的面前。

無人能拒神於門外!

此刻,唯二選一:

自在地走到神的面前翩然起舞;

抑或

不由自主地來到神的急診室動彈不得。

結語

願你勇敢走向自己的人生道路

當你得到人生中更大的成功、愛、財富和創造力時，往往即迎來「上限問題」。它是你唯一真正需要解決的問題。儘管具挑戰性，但它也帶來隱藏其中的無價之寶。就在你探索和解決它的同時，寶物就顯現在眼前。它是種特殊的關聯：亦即和你內在的天賦根源之間深度的連結。

「上限問題」是我們在超越自己施諸己身的偽上限時，所帶來自我破壞的普遍人性傾向。「上限問題」的產生，是因為我們把自己獲得極致成功，和享受極致成功的能力設定得太低。而早年會把恆溫器設定得太低，是因為當時我們還沒辦法認真思考。之後，當我們夢想達到重大的目標，並且往上發展到新的境界，超越了早年設定的愛、財富和創造力時，就猛然撞到了因童年時無意識的決定，而蓋在成功上的人造天頂。若不解決「上限問題」，我們就會無所不用其極地在自己超越舊設定時，把自己往下拉回低點。

童年的決定都是在通過困難的家庭逆流時無意識的決定。為了發揮和享受全然的成功，那些無意識的決定變成我們必須克服的障礙。此四障礙如下：

●第一個障礙是，誤信自己某種程度上本質拙劣。若終生受此感覺左右，我們會因為認為自己本質拙劣而破壞自己的成功。若有什麼好事發生，我們會把它搞砸來抵銷發生的好事，因為好事不會發生在壞人身上。

●第二個障礙是，誤信成功會讓自己背棄過去的家人朋友。若袒護內心的這種感覺，我們會認為翱翔天際是背叛了我們的根源，而破壞自己的成功。

●第三個障礙是，誤信自己是這世界的包袱。若心中帶著這種感覺，我們會為了不要成為更大的包袱而破壞自己的成功。

●第四個障礙是，誤信自己必須遮蔽光芒，以免使得過去生命中的其他人相形見絀。若緊抓住這樣的感覺，我們會忍不住抑制自己充分發揮與生俱來的天賦異稟。

了解自己何以自我設限，就能解放自身的新能量，驅策自己往上攀登財富、愛和創造力的新高點。當我們盡力往上

發揮自己的奇才，就可能飛越過去這些障礙的鬼魂和陰影。因此，最好將自我追求視為超越上限的持續旅程。如此，即可得到不朽的無價之寶：亦即活在五彩繽紛的「天才地帶」，縱情發揮潛能。在該聖地，即可充分享受我們創造的愛、財富和成功，而無論走向世界何方，我們精采的存在都會激勵人心。

每次內心更寬容地感受更多的愛、財富和成功，我們就超越了「上限問題」。無時無刻地，每刻都能如此：逮到自己在擔憂或引戰，即瞬間領悟到我們正在「上限」自己。此時應放下擔憂和暴躁，深呼吸幾下來放鬆。你可以扭扭腳趾或伸伸懶腰，敞開心胸來感受更多的愛、成功和財富。彈指之間就能擺脫「上限」，再次感受到一股美好的感覺流竄全身。像這樣眨眼之間，我們就擴充了自己享受更多愛、財富和成功的能耐。

這些時刻就是「大躍跳」的跳板。或許它不會在第一刻或第一百零一刻發生，但若能勤奮熱切地練習，某個神奇的日子我們就會發現，自己已然創造了在「天才地帶」的美好

人生。我們會望著彼此說：「朋友，歡迎你。」到那天，我
們就會知道天堂和地球確是相同所在。

在結束漫遊本書的旅程之前，我想告訴你我有多高興能
夠與你分享這些想法和過程。對我來說它們是神聖的珍寶，
我很榮幸它們被交付給我，更加倍榮幸能夠用我的一生把它
們傳承給其他人。學習本書內容的經驗，賦予我比任何已知
的人生更為重大的生命意義；而將它們傳承給你，更讓我完
成了生命中最重大的目的。為此重大特權，我全身全心全意
地感謝你。

在本書即將完成時，我走到後院去伸展筋骨，呼吸新鮮
的空氣。天色向晚，傍晚開的花朵差不多要吐露芬芳。我坐
在搖椅上，享受輕柔的微風、甜美的空氣，以及鄰居傳來的
聲音。我可以看到凱瑟琳坐在客廳，沉浸在她最喜歡的一本
推理小說中。我可以感受到體內有一股溫暖的、開心在家的
感覺，當我延展全身的注意力來澈底領受這一切時，幸福的
感受彌漫了全身。我的內心突然響起了哲學性的觀察：「這
不可能持續下去，但這發生時太美好了。」我咯咯笑了起

來，我了解到，不管是智者之言或陳腔濫調，這種評論就是個輕微的「上限」行為。我繼續大膽地享受後院的幸福。我的舊哲學人格面具從黑暗中曳步踅來把我拉回現實，我慈愛地拍拍老友的背，把它送回它安靜的角落。然後我轉回本來所在之處：感覺這個美好時刻的濃稠幸福。

以下是我對你的祈願：願你的生命之旅滿盈這種發現的時刻。願你勇敢走向自己的人生道路，日日充滿魔法和奇蹟。願你超越所有上限，長長遠遠地在極致的愛、財富和創造力之中自在翱翔。

附錄：小嬰兒步與大躍跳

我的早年創業歷險記

當我對商業觀眾如YPO演講時，常注意到觀眾中的創業者對於我的想法往往露出最熱切的眼神。我和創業者能很自然地起共鳴，部分原因是我從小就常有創業的冒險。我也每每發現創業者最能接受我的核心信念：商業終究是一條性靈之路。

我很早就發現，若和自己的性靈妥善連結，我的事業和生活的其他面向都會發展得比較好。有個好理由可以證明：若把金錢和性靈一分為二，就像我在部分的人生中所為，那麼我就沒辦法利用身上最奇妙的力量，也就是性靈本質。若能夠彌補這種裂痕，並且了解金錢只不過是動態的性靈能量，我們就能把性靈的力量放在工作中，輕鬆而流暢地創造出財富。

我早期的人生中曾有次個人體驗在我身上留下終生的印記。這是我有印象以來第一個屬靈的經歷，發生在我五歲時，也就是上小學前的那個夏天。在佛羅里達州某個炎熱的夏天，我獨自在旁邊的院子玩耍。我花了一早上參加家庭教會中的兒童節目，才剛回到家。該節目是描述耶穌基督的故

事、涉及耶穌基督的藝術計畫，還有像「耶穌愛我」那類歌唱表演。其中對於耶穌基督的角色，有如「上帝之子」中的強化演繹。

當我在外面玩耍時，我想著故事中上帝之子的部分。這到底是什麼意思呢？我從來沒見過父親活著的樣子，因為我是遺腹子。我對於有個父親是什麼樣子沒有任何感覺。突然之間我發現自己想著，是否我也是上帝之子。似乎如果耶穌基督可以是上帝之子，那麼或許我也可以是。

這個想法讓我全身起了震顫，一種襲來的興奮之感至今歷歷在目，就像一分鐘前才剛發生而已。我穿過樹叢往上看著熱帶空氣中閃爍著微光的藍色天空。那就是父親住的地方嗎？那就是我來的地方嗎？

然後一種特別的感知油然而生，一種確切的知識那麼明顯地擺在眼前，明顯到讓我懷疑自己以前怎麼從來沒想過：我跟萬物都是來自同樣的物質。樹木、天空、腳下的土地──全都是用同樣的東西製造出來，全都來自此物。萬物和他物全都互有關聯。我是上帝之子，其他的東西也都是。必

須如此，因為萬物均是互為連結，均互為平等。

我記得仰躺在地上穿過樹梢看著天空許久，一種深沉的和平與滿足浸透了我。這種感覺持續了好幾個小時，甚至到晚餐時我還試著描述自己的體驗（而我得到了「你到底在說什麼？」那種茫然困惑的眼神）。某種程度上，他人是否了解並不重要，因為我知道自己所感，也感受自己所知。

後來我在生命中又遇到《奧古斯都的冥想》（The Meditations of Marcus Aurelius）中的絕妙好辭，它們從第一世紀的羅馬穿越時空直接對我訴說：

我屬於整體，而整體全由大自然所主宰。……我和所有部分都密切相連，我們都屬於同源同種。若記得這兩件事，我就不會因為來自整體的任何事物而牢騷滿腹，因為我和整體密切連結。

羅馬大帝應該不會和一個沉寂的南方小鎮上的小男孩有什麼共同點。某種程度上，同樣的覺知都喚醒了我們。為何又如何會如此？在我思考這些問題很多年後，現在我相信我們終究會知曉自己和整體終將合而為一，因為這是無法躲避

的事實。這份覺知滲入我們的內心，因為我們也滲入天地之間。我們可以盡力假裝自己有別於天地間的其餘部分，但不管怎樣，它都會追趕上來，並且將我們再次迎回它的懷抱。

創業者的小嬰兒步

當初必定差不多就是我該開展創業旅程的時候了。但那是個徹頭徹尾的失敗，至少從傳統的眼光看來確是如此，因為我沒吸引到半個顧客。不過它離奇地精準預言了我的終生事業，也描繪了好幾個我此後受用無窮的重要性靈準則。（以下是本書出現的其中一個故事之續集。）

聽過「跳脫框架（outside the box）」思考嗎？欸，我的第一個事業就是不折不扣的「框架內（inside the box）」思考。有外祖父的幫忙，我用瓦楞紙箱的一邊切割出一扇門，放置在外祖父客廳的角落。這就成了我的辦公室。門的上方我用紅色筆手寫著大大的「問題」（由外祖父幫忙確認筆畫）兩字。我騎著三輪車去上班，把三輪車停在辦公室旁

邊，然後爬進辦公室去輔導我的客戶。

要向家人解釋我事業的真正本質有點難度。我向家人清楚指出，醫療問題並非我處理的範疇，那類問題去找「普通」醫師來解決即可。我盡我所能解釋自己處理的是普通醫師所無法解決的問題，例如如何和其他人好好相處。我的事業是修理人的事業，有清楚的目標，也就是幫人得到快樂。選擇這樣的工作極為難得，你得知道我生長在美國佛羅里達州的南方小鎮，那裡沒有心理醫師，也沒有心理諮商師或任何其他這類的心理健康專家。實在難以解釋我去哪裡生出這樣的念頭，要成為一個「問題」醫生。

儘管可愛的瘋狂家人想當然耳可能會用我的服務，但他們沒半個爬進我的「辦公室」。我被迫輔導假想的患者，從普痛毛病到具體病痛，什麼都治療。現在我唯一記得的具體案例是，我治療了一個老以為自己像狗一樣吠叫的假想患者。家人覺得這個例子給他們帶來無盡的樂趣，到我成年了還老是說起這個故事。（若你以為我因此大賺不少就錯了，我並沒有。不過，幸好我有個當記者的母親，她每天幫本地

報紙寫專欄，我的冒險常常被她拿來當成寫作的題材。感謝她收集和存檔了幾百則專欄故事，它們喚醒了我童年熱情的記憶，如今想來的確彌足珍貴。）

創業的喜悅：從無到有

當創業者的極度喜悅在於，創造人們認為有價值的東西，特別是從前不存在的東西。我的瓦楞紙箱顧問中心對於顧客來說沒有價值，但過去從沒有過這樣的東西，至少在我住的這部分世界是如此。如今，幾乎沒有什麼會比發明以前沒有的東西更能讓我滿足。從財務觀點來說，我發明的很多東西都完全失敗，但其他人卻接著賺了幾百萬美元。廣義上，他們都是贏家，因為他們掌握了無中生有的創造魅力。

短命的雞蛋事業

我二年級時開始經營雞蛋生意，那是我的第二次創業嘗

試。結果就像童話裡的蛋頭先生（Humpty-Dumpty）悲慘地結束了。當時母親幫我買了一些小雞；我原始計畫是透過賣雞蛋、宅配雞蛋給鄰居，然後大賺一筆，之後就能還她錢。

我低估了養雞每天要做的大量工作，但除此之外，養雞計畫也開始回收了。雞開始生蛋，前面幾次送貨也都很順利。但某天我急著去送雞蛋時，在蓋格（Geiger）夫婦家門前的階梯絆倒了。我就跌坐在手裡拿著的十二個蛋上面，坐爛了我整個禮拜的利潤。

之後不久，又發生了另一件慘案：我養的雞結夥叛逃，害我得花一整個下午滿頭大汗地把牠們從街坊逮捕回來。我當時並不知道，牠們在逃亡期間飽餐了鄰居樟樹上的漿果。結果我的下一批雞蛋，不管吃進嘴裡或聞著都像維克絲薄荷膏（Vick's Vapo-Rub）的味道。我的雞蛋事業就此接近尾聲了。當時母親對於我的雞蛋生意開始萌生第二個想法。她受到鄰居不小的壓力，因為他們不喜歡雞群在後院咕咕叫。最後她在我微弱的抗議聲中關閉了我的養雞場，我們就把雞送給了相熟的雞農。

　　我繼續找其他的商業機會，很快地又看上了一個，而這機會有著致勝企業的所有配方。但我很快就學到了和一句古老諺語完全相反的東西。

當生命給你酸苦檸檬，別做檸檬水！

　　我九歲時開了檸檬水的攤子，很快就學到了俗諺裡的真理：「地點就是關鍵。」我在街區換了四個不同的街角，才找到人流最多的地點。而開幕那天我也學到了不少別的重要真理：

● 蒼蠅熱愛檸檬水。
● 中佛羅里達州的冰塊融化速度超快。
● 要賣掉一壺檸檬水，你得整天站在那裡趕蒼蠅。

　　但根據家族故事，卻還有個隱藏的問題：我喝掉了很多自己的利潤。我選擇性地忘記了故事中的這個部分，但我猜

應該有某種程度的真實性。大熱天站在一桶冰涼的檸檬水旁邊一整天，你一定會想喝上一大口。

檸檬水生意進行幾天後，我決定關閉這家公司，改到別的地方去尋找財運。

儘管如此，最後我還是找到了一個可行的商業模式，也以專業創業者的身分賺到了我的第一塊錢。業餘人士和專業人士的差別非常簡單：也就是一塊錢的分別。從創業中賺到一塊「留住的錢」那一刻起，你就戴上了專業的桂冠，而我獲得專業地位時才十歲而已。

突破！

我構思第一個成功的商業經營模式時，是在五年級的暑假。我從中學到了商業經營裡受用無窮的知識：站在顧客觀點來思考。我的隔壁鄰居山姆・勒溫（Sam Lewin）先生賣的是西瓜和聖誕樹。你或許會覺得這種組合很詭異，但對於一個喜歡半年住在佛羅里達州、半年住在長島的人來說，這

就一點也不奇怪了。冬天住在佛羅里達州時，他往北船運西瓜；夏天住在長島時，他已接洽好把聖誕樹往南送往佛羅里達州的隔冬船期。

我在很多方面都很羨慕勒溫先生。首先，他本身就有很多故事，還曾經穿越俄羅斯徒步走到哥薩克（Cossacks）。後來他在德國定居下來，只為了感受那兒更令人難以忍受的生活型態。我愛跟和活生生的哥薩克人及納粹交手過的人聊天，他們講意第緒語（Yiddish）、德語和俄語，還可以同時講兩支電話。勒溫先生就可以把一支電話放在大腿上，向另一支電話爆出一長串意第緒語，然後再回來用英語講第一支電話。繞著勒溫先生打轉，我學了一堆意第緒字眼和句子，好讓我和朋友吵架時有些新詞可辱罵他們。若我記得沒錯，意第緒語的小偷（gonif）和笨蛋（schlemiel）就是我很愛用的黑話。在街坊中我有很多機會可以用這些粗魯的話。

因為勒溫先生，我興起了在經過家鄉的高速公路旁賣西瓜的念頭。這是早在現在的九十五號州際公路通過佛羅里達州以前的事了。過去，南行必須開過穿越很多小鎮的二十七

號高速公路。每個小鎮都有自己的速限陷阱（有謠言說，我生長的小鎮光是抓那些超速開往邁阿密的北方人，就賺足了年度預算），這對一個以西瓜來創業的商人來說，也就是夢想成真的機會了。我的西瓜攤所在位置，有很大的車流會在當地速限僅二十五英哩的路上龜速前進。

感謝勒溫先生，用每個一美分的超低價把西瓜賣給我。

我記得當時每天必須跑四趟到高速公路，把大西瓜拖去我的攤子上。第一天我在佛羅里達州的大太陽下抱著「西瓜，二十五美分」的招牌站了一整天，卻沒賣出半顆。天啊，我很挫折，尤其是還得一次一個拖著這些大西瓜爬上小山坡回勒溫先生的車庫。

但當天晚上，我忽然靈光一閃：他們不買是因為，他們沒辦法一口咬下去就吃到香甜多汁的西瓜！

我的靈感來了：若把西瓜切成八片，每片賣五美分呢？

隔天我馬上動手執行新模式，我的西瓜生意馬上秒殺。熱昏的司機一看到多汁的切片西瓜就高興地下手了。那些爸爸媽媽們則直接從車上跳下來，買西瓜給在後座尖叫的孩子

們。大約一個小時內我就賣光了三十二片西瓜，然後又爬上小山坡去拿更多的西瓜出來。連天氣都站在我這邊。

當天熱到簡直難熬，除了西瓜生意以外沒人會開心。當那天營業結束，我用袋子把硬幣裝回家，小心地攤在地上仔細地數，結果差二十五美分就有四美元了。

今天四美元錢恐怕還不夠買一杯中杯的卡布奇諾，但在一九五五年，這簡直像發財了一樣。即使從那時起我有不少成功的創業案例，但我可以告訴你，再沒有什麼能夠比得上當時看到那堆硬幣攤在地板上那種純然的喜樂。那天，遠遠超過賺錢這件事的還有滿足，也就是看到那些人在大熱天咬下一口冰涼甜美的西瓜時，臉上瞬時浮現的欣喜！給顧客要的是一回事，但看見他們當場吃下肚更是一種甜美的滿足。那年回到學校時，我的戶頭進帳了將近五十美元。

我學到什麼

那些早期的冒險經驗仍然引領著我的思考，教我專注在

現下的第一優先：創造讓人們過得更好的東西。我也盡全力創造出讓他們的臉上充滿光芒的東西，就像在大熱天咬一口西瓜那樣。專注在這些重點，我每天醒來都很清楚地知道，我會把時間花在創造價值和愉悅上。我活在這種意識下幾十年了。這就是我珍愛的寶物，也希望能帶給你。這世界上最好的工作，就是做那些根本不像工作的工作。

誌謝

深深感謝過去三十年來我鍾愛的伴侶凱瑟琳・亨德里克斯（Kathlyn Hendricks），陪我逐步探索及激發本書的靈感。凱瑟琳散發的慈愛和機敏光采，使我對她的敬畏歷久彌新。她的愛是世上最不可多得的榮寵與特權。就如我幾乎每天所說：「你讓我感覺就像是這世界上最幸運的男人。」不論現在或未來，我想告訴你：務必研究這位女士，她是貨真價實的寶藏。

謝謝我富有創造力、鬼靈精怪又可愛的家人：阿曼達（Amanda）、克里斯（Chris）和海倫（Helen）、艾爾西（Elsie）和伊莫珍（Imogen），我每天腦海裡和心裡都想著你們。在此也向記憶中的母親諾拉・亨德里克斯（Norma Hendrick）、外祖父母蕾貝卡・戴爾・嘉樂特・卡納代伊（Rebecca Delle Garrett Canaday）及埃爾默・雷・卡納代伊（Elmer Ray Canaday），以及姨媽蘭德爾（Lyndelle）、凱薩琳（Catherine）及奧黛莉（Audrey），致上深深敬意。

感謝我的文學經紀人波妮・索羅（Bonnie Solow），她遠不只是我生命中重要的專業資產而已，她還是個珍貴的朋

友和紅粉知己，深受凱瑟琳和我的喜愛。我也有幸擁有幕僚如莫妮卡‧卡菈耶斯卡（Monika Krajewska），她不屈不撓地協助我，完成了遠比我獨力完成還要多更多的龐大工作。除此之外，還有我對你們所有人無盡的感激。

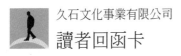

久石文化事業有限公司
讀者回函卡

Better Living Through Reading

親愛的讀者，謝謝您購買這本書！這一張回函是專為您、作者及本社搭建的橋樑，我們將參考您的意見，出版更多的好書，並提供您相關的書訊、活動以及優惠特價。請您把此回函傳真（02-25374409）或郵寄給我們，謝謝！

您的個人基本資料

_____年____月

_____

_____ : _____

□高中以下　□高中　□專科與大學　□研究所以上

□1.學生　□2.公教人員　□3.服務業　□4.製造業　□5.大眾傳播

　　　□6.金融業　□7.資訊業　□8.自由業　□9.退休人士　□10.其他

您對本書的評價

您購買的書的書名：**跳脫極限**　　　書號：**L049**

得知本書方法：□書店　□電子媒體　□報紙雜誌　□廣播節目　□DM
　　　　　　　□新聞廣告　□他人推薦　　□其他_____

購買本書方式：□連鎖書店　□一般書店　□網路購書　□郵局劃撥
　　　　　　　□其他_____

內　　容：□很不錯　□滿意　□還好　□有待改進

版面編排：□很不錯　□滿意　□還好　□有待改進

封面設計：□很不錯　□滿意　□還好　□有待改進

本書價格：□偏低　　□合理　□偏高

對本書的綜合建議：_____

_____

您喜歡閱讀那一類型的書籍（可複選）

□商業理財　□文學小說　□自我勵志　□人文藝術　□科普漫遊

□學習新知　□心靈養生　□生活風格　□親子共享　□其他____

您要給本社的建議：_____

_____

✂ 請沿虛線裁下裝訂寄回，謝謝！

請貼
郵票

久石文化事業有限公司　收

104 臺北市南京東路一段25號十樓之四

電話：02-25372498

LONGSTONE PUBLISHING